GURMÁNSKÉ UMĚNÍ WELLINGTONU A EN CROÛTE

Nejlepší kuchařka pro 100 elegantních zapouzdřených jídel

Daniel Blažek

Materiál chráněný autorským právem ©2023

Všechna práva vyhrazena

Žádná část této knihy nesmí být použita nebo přenášena v jakékoli formě nebo jakýmikoli prostředky bez řádného písemného souhlasu vydavatele a vlastníka autorských práv, s výjimkou krátkých citací použitých v recenzi . Tato kniha by neměla být považována za náhradu lékařských, právních nebo jiných odborných rad.

OBSAH _

- OBSAH _ 3
- ÚVOD 6
- WELLINGTON 7
  1. KLASICKÝ HOVĚZÍ WELLINGTON 8
  2. SALMON WELLINGTON 10
  3. HOVĚZÍ MASO A HOUBY WELLINGTON 12
  4. SPAM WELLINGTON 14
  5. MINI HOVĚZÍ WELLINGTON 16
  6. SEKANÁ WELLINGTON 18
  7. KUŘECÍ WELLINGTON 20
  8. KACHNA WELLINGTONOVÁ 22
  9. LAMB WELLINGTON 24
  10. WELLINGTON S MOŘSKÝMI PLODY 26
  11. MOŘSKÝ ĎAS WELLINGTON NA KARI 28
  12. SRNČÍ WELLINGTON 30
  13. HOVĚZÍ WELLINGTON SE ŠPENÁTEM A KAŠTANOVÝMI HOUBAMI 32
  14. PASTINÁK A PORCINI WELLINGTON 34
  15. VEGANSKÁ HOUBA WELLINGTON 36
  16. VEGANSKÁ HOUBA MISO, SQUASH A KAŠTANOVÝ WELLINGTON 38
  17. KVĚTÁK WELLINGTON 41
  18. JEHNĚČÍ HOUSKY S QUINOOU A BYLINKOVOU NÁDIVKOU 43
  19. JEDNOTLIVÉ HOVĚZÍ WELLINGTONY 45
  20. MINI HOVĚZÍ A PROSCIUTTO WELLINGTON 47
  21. MLETÉ HOVĚZÍ WELLINGTON 49
  22. HOVĚZÍ WELLINGTON SE SMĚSÍ KREOLSKÝCH HUB 51
  23. SOUS VIDE HOVĚZÍ WELLINGTON 53
  24. HOVĚZÍ KOLÁČ WELLINGTON POT 56
  25. HOVĚZÍ WELLINGTON BITES 59
  26. POOR MAN'S BEEF WELLINGTON 61
  27. MASOVÁ KOULE WELLINGTON 64
  28. VZDUCHOVÁ FRITÉZA MLETÉ HOVĚZÍ MASO WELLINGTON 67
  29. CEJN WELLINGTON S KVĚTÁKEM, OKURKOU A ŘEDKVIČKOU 69
  30. HOVĚZÍ WELLINGTON VE STYLU TEXAS 71
  31. ZELENINA WELLINGTON 73
  32. JACKALOPE WELLINGTONOVÁ 75
  33. ITALSKÉ HOVĚZÍ WELLINGTON 77
  34. VEGGIE LENTIL WELLINGTON 80
  35. PORTOBELLO, PEKAN A CHESTNUT WELLINGTON 83
  36. VEPŘOVÝ WELLINGTON 86
  37. GRILOVANÝ HOVĚZÍ WELLINGTON 89
  38. FÍK A ŠALVĚJ TURKEY WELLINGTON 92
  39. MODRÝ SÝR A HOVĚZÍ WELLINGTON 95

40. VEPŘOVÁ PANENKA S PEČENÝM LISTOVÝM TĚSTEM 98
EN CROÛTE 100
41. BELGICKÝ LOSOS V LISTOVÉM TĚSTĚ 101
42. SEITAN EN CROUTE 104
43. KUŘE A HOUBY EN CROÛTE 106
44. ZELENINOVÉ EN CROÛTE..108
45. HOVĚZÍ MASO A MODRÝ SÝR EN CROÛTE 110
46. ŠPENÁT A FETA EN CROÛTE 112
47. RATATOUILLE EN CROÛTE 114
48. KREVETY A CHŘEST EN CROÛTE..116
49. APPLE A BRIE EN CROÛTE 118
50. BRIE EN CROÛTE 120
51. RUSTIKÁLNÍ PAŠTIKA EN CROÛTE 122
52. FILET DE BOEUF EN CROÛTE 125
53. KACHNÍ PAŠTIKA EN CROÛTE 128
54. KUŘE EN CROÛTE SE SALÁMEM, ŠVÝCARSKÝM A MODRÝM SÝREM 131
55. VZDUCHOVÁ FRITÉZA SALMON EN CROÛTE 134
56. NEPÁLSKÝ PSTRUH DUHOVÝ EN CROÛTE...136
57. GRANÁTOVÉ JABLKO BRIE EN CROÛTE 139
58. HALIBUT EN CROÛTE S ESTRAGONOVÝM CITRONOVÝM KRÉMEM 141
59. OCEAN TROUT COULIBIAC EN CROÛTE 144
60. MANGO KUŘE EN CROÛTE 147
61. CAPRESE EN CROÛTE 149
62. PESTO KREVETY EN CROÛTE 151
63. OŘEŠÁK DÝNĚ A ŠALVĚJ EN CROÛTE 153
64. FÍKOVÝ A KOZÍ SÝR EN CROÛTE 155
65. HOUBOVÝ A LANÝŽOVÝ OLEJ EN CROÛTE..157
66. SLADKÉ BRAMBORY A FETA EN CROÛTE 159
67. CHŘEST ZABALENÝ V PROSCIUTTU EN CROÛTE 161
ŠTRUDELKY 163
68. DUŠENÝ VEPŘOVÝ ZÁVIN S OMÁČKOU ZE ZELENÝCH JABLEK........................164
69. KUŘECÍ A ANDOUILLSKÉ ZÁVINY...166
70. LANGUSTOVÝ ZÁVIN SE DVĚMA OMÁČKAMI 168
71. VYDATNÝ LOSOSOVÝ ZÁVIN S KOPREM 171
72. ZÁVIN Z JEHNĚČÍHO MASA A SUŠENÝCH RAJČAT 174
73. MAROCKÝ ZELENINOVÝ ZÁVIN 177
74. ZÁVIN Z UZENÉHO LOSOSA A BRIE 180
75. UZENÝ PSTRUH A GRILOVANÝ JABLEČNÝ ZÁVIN 183
76. ZÁVIN Z DIVOKÝCH HUB 185
77. JÁTROVÝ ZÁVIN 188
78. MASOVÝ ZÁVIN 190
79. LILEK-RAJČATOVÝ ZÁVIN..193
80. CUKETOVÝ ZÁVIN S MLETÝM MASEM 196

81. Hovězí a brokolicový závin 199
82. Klobásy a houbové záviny 202
83. Závin z hub a cukety 205
84. Houbový závin 208

VÍCE UZAVŘENÝCH NÁDOBÍ 210
85. Svíčkové croustades se sýrem a houbovou náplní 211
86. Whisky Sausage Rolls 214
87. Mango a Klobása Větrníky 216
88. Větrníky z tuňákového listového těsta 218
89. Malá Prasátka V Houpací Síti 221
90. Rohlíky z listového těsta 223
91. Bylinkový hovězí guláš s listovým těstem 225
92. Jehněčí klobásové rolky s harissa jogurtem 228
93. Koláč v libanonském stylu 230
94. Zeleninový hrnec koláč 232
95. Otevřený koláč se špenátem a pestem 234
96. Burekas 236
97. Biftek koláč 239
98. Austrálie n Pie Floater 241
99. Steak a cibulový koláč 244
100. Puffs se šunkou a sýrem 247

ZÁVĚR 249

ÚVOD

Vydejte se na kulinářskou cestu, která spojuje umění a gastronomii s „GURMÁNSKÉ UMĚNÍ WELLINGTONU A EN CROÛTE ." Tato kuchařka vás zve k prozkoumání říše elegantních zapouzdřených jídel, kde jsou chutě uzavřeny ve vrstvách vynikajícího pečiva a vytvářejí kulinární mistrovská díla, která přesahují všednost. Tato kolekce se 100 pečlivě vybranými recepty je oslavou nadčasového a sofistikovaného umění Wellingtona a En Croûte .

Představte si kulinářský zážitek, kde je každé jídlo vizuální podívanou, symfonií textur a výbuchem chutí, které uchvátí patro. „Gurmánské umění Wellingtonu a En Croûte " je vaším průvodcem k vytváření těchto kulinářských zázraků, ať už pořádáte okázalou večeři, chcete zapůsobit na hosty, nebo si prostě jen dopřáváte potěšení z vytváření nadstandardních pokrmů doma.

Od klasického hovězího Wellingtona po vynalézavé vegetariánské možnosti, tato kuchařka zkoumá všestrannost zapouzdřených jídel a nabízí rozmanitou škálu receptů, které uspokojí každou chuť a příležitost. Ať už jste ostřílený kuchař nebo domácí kuchař, který touží pozvednout své kulinářské dovednosti, tyto recepty jsou navrženy tak, aby demystifikovaly umění obalování a přinesly na váš stůl gurmánskou eleganci.

Připojte se k nám při rozplétání vrstev listového těsta, odkrývání šťavnatých náplní a ponořte se do světa kulinářské rafinovanosti. „Gurmánské umění Wellingtonu a En Croûte " není jen kuchařka, je to pozvánka k přeměně vaší kuchyně v plátno pro gurmánské umění. Nasaďte si tedy zástěru, nabruste nože a nechte se rozvinout kulinářské mistrovské dílo.

WELLINGTON

1. Klasický hovězí Wellington

SLOŽENÍ:
- 2 lb hovězí svíčkové
- 2 lžíce olivového oleje
- Sůl a pepř na dochucení
- 1 lb hub, jemně nakrájených
- 4 lžíce dijonské hořčice
- 8 plátků prosciutta
- Listové těsto listy

INSTRUKCE:
a) Předehřejte troubu na 425 °F (220 °C).
b) Hovězí maso potřeme olivovým olejem, solí a pepřem.
c) Na rozpálené pánvi opečte hovězí maso ze všech stran dohněda.
d) Kombinujte houby v pánvi, dokud se vlhkost neodpaří.
e) Hovězí maso potřeme hořčicí, zalijeme prosciuttem a poté houbovou směsí.
f) Vyválejte listové těsto a zabalte hovězí maso, okraje utěsněte.
g) Pečte 25–30 minut nebo dozlatova.

2.Salmon Wellington

SLOŽENÍ:
- 1 plát listového těsta
- 1 lb (450 g) filet z lososa, zbavená kůže
- 1/2 šálku (120 g) smetanového sýra, měkčeného
- 1/4 šálku (60 ml) nasekaného čerstvého kopru
- 2 lžíce (30 ml) dijonské hořčice
- 1 polévková lžíce (15 ml) citronové šťávy
- Sůl a pepř
- 1 vejce, rozšlehané
- Mouka, na posypání

INSTRUKCE:
a) Předehřejte troubu na 400 °F (200 °C).
b) Listové těsto rozválejte na pomoučněné ploše do tvaru obdélníku.
c) V misce smíchejte smetanový sýr, nasekaný kopr, dijonskou hořčici, citronovou šťávu, sůl a pepř.
d) Směs smetanového sýra rovnoměrně rozetřete na listové těsto a ponechte okraj 2,5 cm.
e) Filet z lososa položte na směs smetanového sýra a těsto přeložte, aby byl losos zcela uzavřen a okraje utěsněte.
f) Těsto potřeme rozšlehaným vejcem a ostrým nožem nařízneme vrch šikmo.
g) Pečte 25–30 minut, nebo dokud těsto nezezlátne a losos není propečený.
h) Před krájením a podáváním nechte 5-10 minut vychladnout. Užívat si!

3.Hovězí maso a houby Wellington

SLOŽENÍ:
- 2 pláty listového těsta
- 4 steaky z hovězí svíčkové
- 1/4 šálku dijonské hořčice
- 1/4 šálku nakrájených hub
- 1/4 šálku nakrájené cibule
- 2 stroužky česneku, nasekané
- 2 lžíce másla
- Sůl a pepř

INSTRUKCE:
a) Předehřejte troubu na 400 °F (200 °C).
b) Steaky z hovězí svíčkové osolíme a opepříme.
c) V pánvi rozpustíme máslo a orestujeme houby, cibuli a česnek do měkka.
d) Listové těsto rozválíme na pomoučněné ploše a potřeme dijonskou hořčicí.
e) Na hořčici položte steaky z hovězí svíčkové a na steaky podávejte houbovou směs.
f) Těsto obalíme kolem hovězího masa a potřeme rozšlehaným vejcem.
g) Pečte 25–30 minut, nebo dokud těsto není zlatohnědé.

4. Spam Wellington

SLOŽENÍ:
- 1 (12uncová) plechovka spamu, celá (nenakrájená na kostičky)
- 1 balení plátků listového těsta
- 1 vejce, lehce rozšlehané (na mytí vajec)
- 2 lžíce dijonské hořčice
- 1 lžíce medu
- Sůl a pepř na dochucení
- Volitelně: 2 lžíce másla na potření

INSTRUKCE:
a) Předehřejte troubu na 375 °F (190 °C). Plech vyložte pečícím papírem.
b) V malé misce prošlehejte dijonskou hořčici, med, sůl a pepř, abyste vytvořili hořčičnou polevu.
c) Na pomoučené ploše vyválejte plát listového těsta.
d) Umístěte celý Spam do středu listu listového těsta.
e) Vršek a strany Spamu potřeme hořčičnou polevou.
f) Přeložte listové těsto přes spam tak, aby bylo zcela zapouzdřeno . Okraje přitiskněte k utěsnění.
g) Umístěte zabalený Spam na připravený plech na pečení, stranou švu dolů.
h) Vršek těsta potřeme rozšlehaným vejcem pro zlatavý povrch.
i) Volitelně potřete pečivo rozpuštěným máslem pro zvýraznění chuti a textury.
j) Pečte Spam Wellington v předehřáté troubě asi 25-30 minut, nebo dokud těsto není nafouknuté a zlaté.
k) Wellington vyjměte z trouby a před krájením nechte mírně vychladnout.
l) Podávejte tento elegantní a lahodný Spam Wellington jako jedinečné a působivé jídlo!

5.Mini hovězí Wellington

SLOŽENÍ:
- 1 libra hovězí svíčkové nakrájená na malé medailonky
- Sůl a pepř na dochucení
- 2 lžíce olivového oleje
- 1 lžíce dijonské hořčice
- 1 balení (17,3 unce) listové těsto, rozmražené
- 1 vejce, rozšlehané (na mytí vajec)
- Volitelné: Houbové duxelles (houbová směs) pro přidání chuti

INSTRUKCE:
a) Předehřejte troubu na 400 °F (200 °C).
b) Hovězí medailonky ze všech stran osolíme a opepříme.
c) V horké pánvi rozehřejte olivový olej na středně vysokou teplotu.
d) Hovězí medailonky opékejte asi 1-2 minuty z každé strany, dokud nezhnědnou. Sundejte z plotny a dejte stranou.
e) Listové těsto rozválejte na lehce pomoučené ploše na tloušťku asi 1/4 palce.
f) Listové těsto nakrájejte na čtverce nebo obdélníky, dostatečně velké, aby se do nich vložily hovězí medailonky.
g) Na každý kousek listového těsta potřete tenkou vrstvu dijonské hořčice nebo houbových duxelles pro větší chuť.
h) Do středu každého kousku listového těsta položte pečený hovězí medailon.
i) Okraje listového těsta přehneme přes hovězí maso a zcela uzavřeme.
j) Zabalené hovězí holínky položte na plech vyložený pečicím papírem lícem dolů.
k) Potřete vršky Wellingtonek rozšlehaným vejcem pro zlatavý povrch.
l) Pečte v předehřáté troubě asi 15–20 minut, nebo dokud není listové těsto zlatavě hnědé a hovězí maso nedosáhne požadované úrovně propečení.
m) Vyjměte z trouby a před podáváním nechte Mini Beef Wellingtons několik minut odpočinout.
n) Podávejte jako lahodný předkrm a vychutnejte si jemné hovězí maso a listové těsto.

6.Sekaná Wellington

SLOŽENÍ:
- 1 plechovka (10,75 unce) kondenzované smetanové houbové polévky
- 2 libry mletého hovězího masa
- ½ šálku suché strouhanky, jemné
- 1 vejce, mírně rozšlehané
- ⅓ šálku cibule, jemně nakrájené
- 1 lžička soli
- ⅓ šálku vody
- 8 uncový balíček chlazených půlměsíců

INSTRUKCE:
a) Předehřejte troubu na 375 stupňů F.
b) Důkladně promíchejte ½ šálku polévky, hovězí maso, strouhanku, vejce, cibuli a sůl.
c) Pevně vytvarujte bochník 4 x 8 palců; vložte do mělkého pekáče.
d) Pečte 1 hodinu. V hrnci rozmixujte zbývající polévku, vodu a 2 až 3 polévkové lžíce kapky. Teplo; občas promícháme a podáváme s bochníkem.
e) Poté, co je bochník připraven, odebíráme lžící tuk.
f) Oddělte půlměsícové rohlíky a položte je křížem přes horní a spodní stranu sekané, mírně se překrývají.
g) Pečte dalších 15 minut.

7.Kuřecí Wellington

SLOŽENÍ:
- 4 kuřecí prsa bez kostí a kůže
- Sůl a pepř na dochucení
- 2 lžíce olivového oleje
- 1 šálek špenátu, nakrájeného
- 1/2 šálku sýra feta, rozdrobený
- Listy z listového těsta

INSTRUKCE:
a) Předehřejte troubu na 400 °F (200 °C).
b) Kuře osolte a opepřete.
c) Kuře orestujte na olivovém oleji do hněda.
d) Smíchejte špenát a fetu, položte na kuře.
e) Vyválejte listové těsto, zabalte kuře, zalepte okraje.
f) Pečte 25-30 minut, dokud těsto nezezlátne.

8.Kachna Wellingtonová

SLOŽENÍ:
- 2 kachní prsa
- Sůl a pepř na dochucení
- 2 lžíce olivového oleje
- 1 šálek žampionů, jemně nakrájených
- 2 lžíce brandy
- Foie gras (volitelné)
- Listové těsto listy

INSTRUKCE:
a) Předehřejte troubu na 400 °F (200 °C).
b) Kachní prsa osolíme a opepříme.
c) Kachnu osmahněte na olivovém oleji, dokud není kůže křupavá.
d) Podusíme houby, přidáme brandy a vaříme, dokud se tekutina neodpaří.
e) položte foie gras (pokud používáte), navrch dejte houbovou směs.
f) Vyválejte listové těsto, zabalte kachnu, zalepte okraje.
g) Pečte 25-30 minut, dokud těsto nezezlátne.

9.Lamb Wellington

SLOŽENÍ:
- 2 lb jehněčí hřbet
- Sůl a pepř na dochucení
- 2 lžíce olivového oleje
- 1 šálek mátového želé
- 1 hrnek strouhanky
- Listové těsto listy

INSTRUKCE:
a) Předehřejte troubu na 400 °F (200 °C).
b) Jehněčí maso osolíme a opepříme.
c) Jehněčí orestujte na olivovém oleji, dokud nezhnědne.
d) Jehněčí potřeme mátovým želé, obalíme strouhankou.
e) Vyválejte listové těsto, zabalte jehněčí maso, zalepte okraje.
f) Pečte 25-30 minut, dokud těsto nezezlátne.

10. Wellington s mořskými plody

SLOŽENÍ:
- 4 filety z bílé ryby
- Sůl a pepř na dochucení
- 2 lžíce olivového oleje
- 1 šálek směsi mořských plodů (krevety, mušle atd.)
- 1/2 šálku smetanového sýra
- Listy z listového těsta

INSTRUKCE:
a) Předehřejte troubu na 400 °F (200 °C).
b) Rybu ochutíme solí a pepřem.
c) Smažte směs mořských plodů, dokud se neuvaří, smíchejte se smetanovým sýrem.
d) Rozválíme listové těsto, poklademe rybou, potřeme směsí mořských plodů.
e) Těsto omotejte kolem ryby, okraje utěsněte.
f) Pečte 20-25 minut, dokud těsto nezezlátne.
g) Užijte si tyto další Wellington recepty!

11. Mořský ďas Wellington na kari

SLOŽENÍ:

- 4 filety z mořského ďasa
- Sůl a pepř na dochucení
- 2 lžíce olivového oleje
- 2 lžíce kari
- 1 cibule, nakrájená nadrobno
- 2 stroužky česneku, mleté
- 1 šálek kokosového mléka
- 1 šálek špenátu, nakrájeného
- Listy z listového těsta

INSTRUKCE:

a) Předehřejte troubu na 400 °F (200 °C).
b) Filety z ďasa ochutíme solí, pepřem a kari.
c) Na olivovém oleji opečte ďasa ze všech stran dohněda.
d) Na stejné pánvi orestujte cibuli a česnek, dokud nezměknou.
e) Do pánve přidejte kokosové mléko a přiveďte k varu. Směs necháme mírně zhoustnout.
f) Ke směsi kari přidejte nakrájený špenát a míchejte, dokud nezvadne.
g) Rozválíme listové těsto a na každý filet dáme porci špenátovo-kari směsi.
h) Kolem ďasa zabalte listové těsto, okraje utěsněte.
i) Zabaleného ďasa položte na plech a pečte 20–25 minut nebo dokud těsto nezezlátne.
j) Podávejte svůj Curried Monkfish Wellington s rýží nebo vašimi oblíbenými přílohami. Užívat si!

12.Srnčí Wellington

SLOŽENÍ:
- 4 srnčí filé
- Sůl a pepř na dochucení
- 2 lžíce olivového oleje
- 1/2 šálku červeného vína
- 1 cibule, nakrájená nadrobno
- 2 stroužky česneku, mleté
- 8 oz hub, jemně nakrájených
- 1 lžíce čerstvého tymiánu, nasekaného
- dijonská hořčice
- Listové těsto listy
- 1 vejce (na mytí vajec)

INSTRUKCE:
a) Předehřejte troubu na 400 °F (200 °C).
b) Srnčí filé osolíme a opepříme.
c) Na rozpálené pánvi opečte filety na olivovém oleji ze všech stran dohněda.
d) Pánev potřete červeným vínem a oškrábejte všechny zhnědlé kousky. Dát stranou.
e) Na stejné pánvi orestujte cibuli a česnek, dokud nezměknou.
f) Přidejte houby a tymián a vařte, dokud houby nepustí vlhkost a nezezlátnou.
g) Opražené zvěřinové řízky potřeme dijonskou hořčicí.
h) Na každý filet položte část houbové směsi.
i) Vyválejte listové těsto a zabalte každý filet, okraje utěsněte.
j) Zabalené filety položte na plech.
k) Listové těsto potřeme rozšlehaným vejcem, aby bylo dozlatova.
l) Pečte 20–25 minut, nebo dokud těsto není zlatohnědé.
m) Srnčí Wellington podávejte s redukcí z červeného vína nebo s vaší oblíbenou omáčkou. Vychutnejte si toto elegantní a chutné jídlo!

13. Hovězí Wellington se špenátem a kaštanovými houbami

SLOŽENÍ:
- 1,5 kg hovězí svíčkové
- Sůl a černý pepř podle chuti
- 2 lžíce olivového oleje
- 1 lb kaštanových hub, jemně nasekaných
- 2 stroužky česneku, mleté
- 2 šálky čerstvého špenátu, nakrájeného
- 2 lžíce dijonské hořčice
- 8 plátků prosciutta
- Listové těsto listy
- 1 vejce (na mytí vajec)

INSTRUKCE:
a) Předehřejte troubu na 425 °F (220 °C).
b) Hovězí svíčkovou ochutíme solí a černým pepřem.
c) Na pánvi rozehřejeme olivový olej a maso na něm opečeme ze všech stran dohněda. Dát stranou.
d) Na stejné pánvi restujte houby a česnek, dokud houby nepustí vlhkost a nezezlátnou.
e) K houbové směsi přidáme nakrájený špenát a vaříme do zvadnutí. Nechte směs vychladnout.
f) Opečenou hovězí svíčkovou potřete dijonskou hořčicí.
g) Plátky prosciutta položte na list plastové fólie, mírně se překrývají.
h) Na prosciutto rozprostřete houbovou a špenátovou směs.
i) Nahoru položte hovězí maso a směs prosciutta a žampionů obtočte kolem hovězího masa, abyste vytvořili poleno.
j) Rozválejte listové těsto a zabalte hovězí špalek, okraje utěsněte.
k) Těsto potřeme rozšlehaným vejcem pro zlatavý povrch.
l) Zabalené hovězí maso položte na plech a pečte 25–30 minut, nebo dokud těsto nezezlátne.
m) Před krájením nechte hovězí Wellington několik minut odpočinout. Podávejte s oblíbenou omáčkou a užívejte!

14. Pastinák a Porcini Wellington

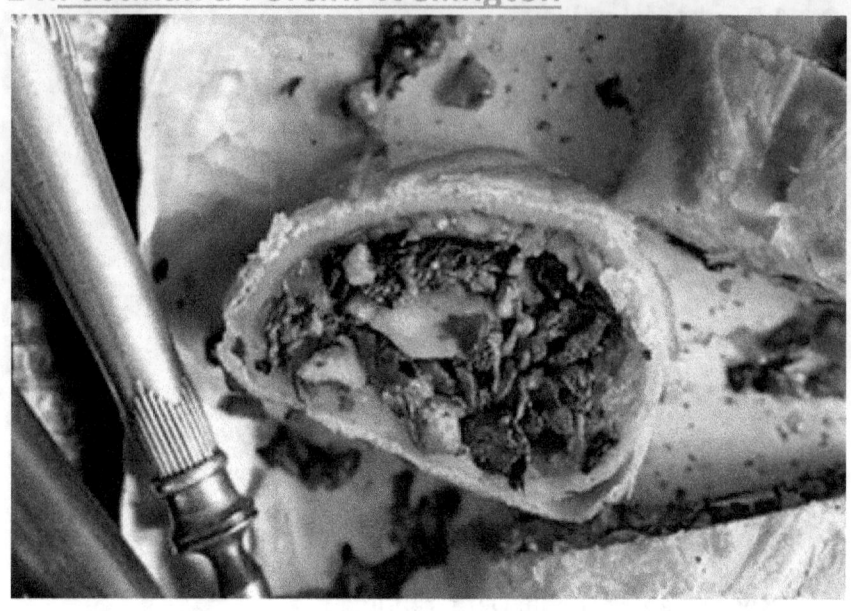

SLOŽENÍ:
- 2 šálky sušených hříbků
- 1 šálek vroucí vody
- 2 lžíce olivového oleje
- 1 cibule, nakrájená nadrobno
- 3 stroužky česneku, nasekané
- 4 pastináky, oloupané a nastrouhané
- 1 hrnek strouhanky
- 1/2 šálku čerstvé petrželky, nasekané
- Sůl a černý pepř podle chuti
- Listy z listového těsta
- 1 vejce (na mytí vajec)

INSTRUKCE:
a) Předehřejte troubu na 400 °F (200 °C).
b) Sušené hříbky dejte do misky a zalijte vroucí vodou. Necháme je 20 minut nasáknout, poté scedíme a nakrájíme.
c) Na pánvi rozehřejte olivový olej a orestujte na něm cibuli a česnek, dokud nezměknou.
d) Do pánve přidejte nastrouhaný pastinák a vařte, dokud nepustí vlhkost a nezměkne.
e) Vmícháme nakrájené hříbky, strouhanku a čerstvou petrželku. Dochuťte solí a černým pepřem. Nechte směs vychladnout.
f) Vyválejte listové těsto a těsto potřete směsí pastináku a hříbků.
g) Umístěte pastinák a hříbkovou směs do středu těsta a ponechte prostor kolem okrajů.
h) Těsto přeložte přes náplň, okraje utěsněte. V případě potřeby můžete nahoře vytvořit mřížkový vzor.
i) Těsto potřeme rozšlehaným vejcem pro zlatavý povrch.
j) Zabalený Wellington položte na plech a pečte 25–30 minut, nebo dokud těsto nezezlátne.
k) Před krájením nechte pastinák a Porcini Wellington několik minut vychladnout. Podávejte s přílohou vaší oblíbené omáčky nebo chutney. Užívat si!

15. Veganská houba Wellington

SLOŽENÍ:
- 2 lžíce olivového oleje
- 1 cibule, nakrájená nadrobno
- 3 stroužky česneku, nasekané
- 1 lb smíchaných hub (jako jsou cremini, shiitake a ústřice), jemně nasekané
- 1 šálek špenátu, nakrájeného
- 1/2 šálku vlašských ořechů, nasekaných
- 1 lžíce sójové omáčky
- 1 lžička tymiánu, sušeného
- Sůl a černý pepř podle chuti
- Listové těsto listy
- 1 lžíce rostlinného mléka (na kartáčování)
- Sezamová semínka (volitelně, na ozdobu)

INSTRUKCE:
a) Předehřejte troubu na 400 °F (200 °C).
b) Na pánvi rozehřejte olivový olej a orestujte na něm cibuli a česnek, dokud nezměknou.
c) Do pánve přidejte nakrájené houby a vařte, dokud se vlhkost neodpaří.
d) Vmíchejte špenát, vlašské ořechy, sójovou omáčku, tymián, sůl a černý pepř. Vařte, dokud špenát nezvadne. Nechte směs vychladnout.
e) Rozválíme listové těsto a těsto potřeme houbovou směsí.
f) Umístěte houbovou směs do středu těsta a ponechte prostor kolem okrajů.
g) Těsto přeložte přes náplň, okraje utěsněte. V případě potřeby můžete nahoře vytvořit mřížkový vzor.
h) Pečivo potřete rostlinným mlékem pro zlatavý finiš. Navrch případně posypte sezamovými semínky.
i) Zabalený Wellington položte na plech a pečte 25–30 minut, nebo dokud těsto nezezlátne.
j) Před krájením nechte Vegan Mushroom Wellington několik minut vychladnout. Podávejte s přílohou veganské omáčky nebo vaší oblíbené omáčky. Užijte si tuto lahodnou a rostlinnou verzi!

16. Veganská houba Miso, squash a kaštanový Wellington

SLOŽENÍ:
- 2 lžíce olivového oleje
- 1 cibule, nakrájená nadrobno
- 3 stroužky česneku, nasekané
- 1 lb smíšených hub (jako jsou shiitake, cremini a ústřice), jemně nasekané
- 1 šálek máslové dýně, nakrájené na kostičky
- 1 šálek kaštanů, uvařených a nasekaných
- 2 lžíce miso pasty
- 1 lžíce sójové omáčky
- 1 lžička tymiánu, sušeného
- Sůl a černý pepř podle chuti
- Listové těsto listy
- 1 lžíce rostlinného mléka (na kartáčování)
- Sezamová semínka (volitelně, na ozdobu)

INSTRUKCE:

a) Předehřejte troubu na 400 °F (200 °C).
b) Na pánvi rozehřejte olivový olej a orestujte na něm cibuli a česnek, dokud nezměknou.
c) Do pánve přidejte nakrájené houby a vařte, dokud se vlhkost neodpaří.
d) Vmíchejte na kostičky nakrájenou máslovou dýni, kaštany, miso pastu, sójovou omáčku, tymián, sůl a černý pepř. Vařte, dokud dýně nezměkne. Nechte směs vychladnout.
e) Rozválíme listové těsto a na něj potřeme houbovou, patizonovou a kaštanovou směs.
f) Umístěte náplň do středu těsta a ponechte prostor kolem okrajů.
g) Těsto přeložte přes náplň, okraje utěsněte. V případě potřeby můžete nahoře vytvořit mřížkový vzor.
h) Pečivo potřete rostlinným mlékem pro zlatavý finiš. Navrch případně posypte sezamovými semínky.
i) Zabalený Wellington položte na plech a pečte 25–30 minut, nebo dokud těsto nezezlátne.
j) Před krájením nechte veganské houby Miso, squash a kaštanový Wellington několik minut vychladnout.
k) Podávejte s přílohou veganské omáčky nebo vaší oblíbené omáčky. Užijte si tento chutný a rostlinný Wellington!

17. Květák Wellington

SLOŽENÍ:
- 1 velká hlavička květáku
- 2 lžíce olivového oleje
- 1 cibule, nakrájená nadrobno
- 3 stroužky česneku, nasekané
- 1 šálek žampionů, jemně nakrájených
- 1 hrnek strouhanky
- 1 šálek špenátu, nakrájeného
- 1 lžíce dijonské hořčice
- Listové těsto listy
- 1 lžíce rostlinného mléka (na kartáčování)
- Sezamová semínka (volitelně, na ozdobu)

INSTRUKCE:
a) Předehřejte troubu na 400 °F (200 °C).
b) Z květáku odstraňte listy a stonku, hlávku ponechte neporušenou.
c) Celý květák vařte v páře, až bude trochu měkký, ale ne příliš měkký.
d) Na pánvi rozehřejte olivový olej a orestujte na něm cibuli a česnek, dokud nezměknou.
e) Do pánve přidejte nakrájené houby a vařte, dokud se vlhkost neodpaří.
f) Vmíchejte strouhanku a špenát, dokud se směs dobře nespojí . Nechte vychladnout.
g) Uvařený květák potřete dijonskou hořčicí.
h) Vyválejte listové těsto a do středu položte květák, který zakryjte směsí hub a špenátu.
i) Těsto přehneme přes květák, okraje utěsníme. V případě potřeby můžete nahoře vytvořit mřížkový vzor.
j) Pečivo potřete rostlinným mlékem pro zlatavý finiš. Navrch případně posypte sezamovými semínky.
k) Zabalený Wellington položte na plech a pečte 25–30 minut, nebo dokud těsto nezezlátne.
l) Před krájením nechte květákový Wellington několik minut vychladnout. Podávejte s přílohou veganské omáčky nebo vaší oblíbené omáčky. Užijte si toto lahodné a vydatné veganské jídlo!

18.Jehněčí housky s quinoou a bylinkovou nádivkou

SLOŽENÍ:
- 4 jehněčí kotlety
- Sůl a černý pepř podle chuti
- 2 lžíce olivového oleje
- 1 šálek quinoa, vařené
- 1 cibule, nakrájená nadrobno
- 3 stroužky česneku, nasekané
- 1/2 šálku nasekaných bylinek (jako je petržel, máta a tymián).
- Kůra z jednoho citronu
- Listové těsto listy
- 1 vejce (na mytí vajec)

INSTRUKCE:
a) Předehřejte troubu na 400 °F (200 °C).
b) Jehněčí kotletky ochutíme solí a černým pepřem.
c) Na pánvi rozehřejte olivový olej a jehněčí kotletky opečte ze všech stran dohněda. Dát stranou.
d) Na stejné pánvi orestujte cibuli a česnek, dokud nezměknou.
e) V misce smíchejte uvařenou quinou, restovanou cibuli, česnek, smíchané bylinky a citronovou kůru. Nechte směs vychladnout.
f) Vyválejte listové těsto a na každý jehněčí hřbet položte porci quinoi a bylinkové nádivky.
g) Každou jehněčí kotletu položte na pečivo, pak pečivo zabalte kolem jehněčího masa a okraje utěsněte.
h) Těsto potřeme rozšlehaným vejcem pro zlatavý povrch.
i) Zabalené jehněčí housky položte na plech a pečte 20–25 minut, nebo dokud těsto nezezlátne.
j) Před podáváním nechte jehněčí housky s quinoou a bylinkovou nádivkou několik minut odpočívat. Užijte si tyto chutné a elegantní Wellingtonky!

19. Jednotlivé hovězí Wellingtony

SLOŽENÍ:
- 4 steaky z hovězí svíčkové (6 oz každý)
- Sůl a černý pepř podle chuti
- 2 lžíce olivového oleje
- 1 lb hub, jemně nakrájených
- 2 stroužky česneku, mleté
- 1/4 šálku suchého bílého vína
- 2 lžíce dijonské hořčice
- 8 plátků prosciutta
- Listové těsto listy
- 1 vejce (na mytí vajec)

INSTRUKCE:
a) Předehřejte troubu na 425 °F (220 °C).
b) Steaky z hovězí svíčkové ochutíme solí a černým pepřem.
c) Na rozpálené pánvi opečte steaky na olivovém oleji ze všech stran dohněda. Dát stranou.
d) Do stejné pánve přidejte nakrájené houby a česnek. Vaříme, dokud houby nepustí vlhkost.
e) Zalijeme bílým vínem a vaříme, dokud se tekutina neodpaří. Odstraňte z ohně a nechte směs vychladnout.
f) Každý steak potřete dijonskou hořčicí.
g) Plátky prosciutta položte na list plastové fólie, mírně se překrývají.
h) Na prosciutto potřeme vrstvu houbové směsi.
i) Navrch položte steak z hovězí svíčkové a směs prosciutta a žampionů obtočte kolem steaku a vytvořte jednotlivé balíčky.
j) Rozválejte listové těsto a zabalte každý kus hovězího masa, okraje utěsněte.
k) Těsto potřeme rozšlehaným vejcem pro zlatavý povrch.
l) Jednotlivé hovězí housky položte na plech a pečte 20–25 minut nebo dokud těsto nezezlátne.
m) Před podáváním nechte jednotlivé hovězí housky několik minut odpočinout.
n) Podávejte s oblíbenou omáčkou, jako je redukce z červeného vína nebo houbová omáčka.

20. Mini hovězí a prosciutto Wellington

SLOŽENÍ:
- 8 medailonů z hovězí svíčkové (asi 2 palce v průměru)
- Sůl a černý pepř podle chuti
- 1 lžíce olivového oleje
- 1 šálek žampionů, jemně nakrájených
- 1 stroužek česneku, nasekaný
- 2 lžíce červeného vína
- 2 lžíce dijonské hořčice
- 8 plátků prosciutta
- Listové těsto listy
- 1 vejce (na mytí vajec)

INSTRUKCE:
a) Předehřejte troubu na 425 °F (220 °C).
b) Medailonky z hovězí svíčkové ochutíme solí a černým pepřem.
c) Na pánvi rozehřejte olivový olej a medailonky opečte ze všech stran dohněda. Dát stranou.
d) Do stejné pánve přidejte nakrájené houby a česnek. Vaříme, dokud houby nepustí vlhkost.
e) Zalijeme červeným vínem a vaříme, dokud se tekutina neodpaří. Odstraňte z ohně a nechte směs vychladnout.
f) Každý hovězí medailon potřete dijonskou hořčicí.
g) Plátky prosciutta položte na list plastové fólie, mírně se překrývají.
h) Na prosciutto potřeme vrstvu houbové směsi.
i) Nahoru položte hovězí medailonek a prosciutto a houbovou směs obtočte kolem medailonku a vytvořte mini balíčky.
j) Rozválejte listové těsto a zabalte každý mini Hovězí Wellington, okraje utěsněte.
k) Těsto potřeme rozšlehaným vejcem pro zlatavý povrch.
l) Mini Hovězí housky položte na plech a pečte 15–20 minut, nebo dokud těsto nezezlátne.
m) Před podáváním nechte Mini Beef Wellingtons několik minut odpočinout. Podávejte jako elegantní předkrm nebo lahodnou svačinku na večírek.
n) Užijte si tyto lahůdky velikosti kousnutí!

21. Mleté hovězí Wellington

SLOŽENÍ:
- 1 lb mletého hovězího masa
- Sůl a černý pepř podle chuti
- 1 lžíce olivového oleje
- 1 cibule, nakrájená nadrobno
- 2 stroužky česneku, mleté
- 1 šálek žampionů, jemně nakrájených
- 2 lžíce worcesterské omáčky
- 2 lžíce dijonské hořčice
- 1/2 šálku strouhanky
- Listové těsto listy
- 1 vejce (na mytí vajec)

INSTRUKCE:
a) Předehřejte troubu na 400 °F (200 °C).
b) Na pánvi rozehřejte olivový olej a orestujte na něm cibuli a česnek, dokud nezměknou.
c) Do pánve přidejte mleté hovězí maso a vařte do zhnědnutí. Dochuťte solí a černým pepřem.
d) Do hovězí směsi přidáme nakrájené houby a vaříme, dokud houby nepustí vlhkost.
e) Vmíchejte worcesterskou omáčku, dijonskou hořčici a strouhanku. Nechte směs vychladnout.
f) Rozválíme listové těsto a těsto potřeme mletou hovězí směsí.
g) Těsto přeložte přes náplň, okraje utěsněte. V případě potřeby můžete nahoře vytvořit mřížkový vzor.
h) Těsto potřeme rozšlehaným vejcem pro zlatavý povrch.
i) Zabalený mletý hovězí Wellington položte na plech a pečte 25–30 minut, nebo dokud těsto nezezlátne.
j) Před krájením nechte mletý hovězí Wellington několik minut vychladnout. Podávejte s oblíbenou omáčkou nebo omáčkou. Užijte si tuto zjednodušenou verzi klasického Wellingtonu!

22. Hovězí Wellington se směsí kreolských hub

SLOŽENÍ:
- 1,5 kg hovězí svíčkové
- Sůl a černý pepř podle chuti
- 2 lžíce olivového oleje
- 1 šálek cremini houby, jemně nasekané
- 1 šálek hub shiitake, jemně nasekaných
- 1 šálek hlívy ústřičné, jemně nasekané
- 1 cibule, nakrájená nadrobno
- 2 stroužky česneku, mleté
- 1 lžička tymiánu, sušeného
- 1 lžička papriky
- 1/2 lžičky kajenského pepře (podle chuti)
- 2 lžíce worcesterské omáčky
- Listy z listového těsta
- dijonská hořčice
- 1 vejce (na mytí vajec)

INSTRUKCE:

a) Předehřejte troubu na 425 °F (220 °C).
b) Hovězí svíčkovou ochutíme solí a černým pepřem.
c) Na rozpálené pánvi opečte hovězí maso na olivovém oleji, dokud nezezlátne ze všech stran. Dát stranou.
d) Na stejné pánvi orestujte cibuli a česnek, dokud nezměknou.
e) Do pánve přidejte cremini , shiitake a hlívu ústřičnou. Vaříme, dokud houby nepustí vlhkost.
f) Vmíchejte tymián, papriku, kajenský pepř a worcesterskou omáčku. Vařte, dokud se směs dobře nespojí . Nechte vychladnout.
g) Vyválejte listové těsto a hovězí maso potřete dijonskou hořčicí.
h) Houbovou směs položte na hovězí maso a rovnoměrně ji zakryjte.
i) Hovězí maso zabalte do listového těsta, okraje utěsněte. V případě potřeby můžete nahoře vytvořit mřížkový vzor.
j) Těsto potřeme rozšlehaným vejcem pro zlatavý povrch.
k) Zabalený hovězí Wellington položte na plech a pečte 25–30 minut, nebo dokud těsto nezezlátne.
l) Hovězí Wellington se směsí kreolských hub nechte před krájením několik minut odpočinout.

23.Sous Vide hovězí Wellington

SLOŽENÍ:
- 4 steaky z hovězí svíčkové (6 oz každý)
- Sůl a černý pepř podle chuti
- 2 lžíce olivového oleje
- Pro Sous Vide:
- 1 lžíce olivového oleje
- Snítky čerstvého tymiánu
- Stroužky česneku, drcené
- 1 šálek cremini houby, jemně nasekané
- 1 šálek hub shiitake, jemně nasekaných
- 1 šálek hlívy ústřičné, jemně nasekané
- 1 cibule, nakrájená nadrobno
- 2 stroužky česneku, mleté
- 1 lžička tymiánu, sušeného
- 1 lžička papriky
- 1/2 lžičky kajenského pepře (podle chuti)
- 2 lžíce worcesterské omáčky
- Listy z listového těsta
- dijonská hořčice
- 1 vejce (na mytí vajec)

INSTRUKCE:
PŘÍPRAVA SOUS VIDE:
a) Předehřejte sous vide lázeň na požadovanou propečenost pro hovězí svíčkovou (např. 130 °F / 54 °C pro medium-rare).
b) Steaky z hovězí svíčkové ochutíme solí a černým pepřem. Vložte je do sous vide sáčků s olivovým olejem, čerstvým tymiánem a prolisovanými stroužky česneku.
c) Hovězí maso vařte v sous vide lázni 1,5 až 4 hodiny, v závislosti na preferované propečení.

HOUBOVÁ SMĚS:
d) Na pánvi rozehřejte olivový olej a orestujte na něm cibuli a česnek, dokud nezměknou.
e) Do pánve přidejte cremini, shiitake a hlívu ústřičnou. Vaříme, dokud houby nepustí vlhkost.

f) Vmíchejte tymián, papriku, kajenský pepř a worcesterskou omáčku. Vařte, dokud se směs dobře nespojí . Nechte vychladnout.

MONTÁŽ A PEČENÍ:
g) Předehřejte troubu na 425 °F (220 °C).
h) Vyjměte hovězí svíčkovou ze sous vide sáčků a osušte je.
i) Vyválejte listové těsto a hovězí maso potřete dijonskou hořčicí.
j) Houbovou směs položte na hovězí maso a rovnoměrně ji zakryjte.
k) Hovězí maso zabalte do listového těsta, okraje utěsněte. V případě potřeby můžete nahoře vytvořit mřížkový vzor.
l) Těsto potřeme rozšlehaným vejcem pro zlatavý povrch.
m) Zabalený hovězí Wellington položte na plech a pečte 25–30 minut, nebo dokud těsto nezezlátne.
n) Před krájením nechte Sous Vide Beef Wellington několik minut odpočinout. Podávejte s přílohou vaší oblíbené omáčky nebo redukce z červeného vína. Užijte si tuto zvýšenou verzi klasického hovězího Wellingtonu!

24. Hovězí koláč Wellington Pot

SLOŽENÍ:
- 1,5 kg hovězí svíčkové na kostky
- Sůl a černý pepř podle chuti
- 2 lžíce olivového oleje
- 1 cibule, nakrájená nadrobno
- 2 stroužky česneku, mleté
- 1 šálek cremini houby, nakrájené na plátky
- 1 hrnek mrkve, nakrájené na kostičky
- 1 šálek mraženého hrášku
- 1/4 šálku univerzální mouky
- 1 hrnek hovězího vývaru
- 1/2 šálku červeného vína
- 1 lžička tymiánu, sušeného
- 1 balení plátků listového těsta
- dijonská hořčice
- 1 vejce (na mytí vajec)

INSTRUKCE:
a) Předehřejte troubu na 400 °F (200 °C).
b) Kostky hovězího masa ochutíme solí a černým pepřem.
c) Ve velké pánvi rozehřejte olivový olej na středně vysokou teplotu. Kostky hovězího masa opečte ze všech stran dohněda. Vyjměte a dejte stranou.
d) Do stejné pánve přidejte cibuli, česnek, houby a mrkev. Dusíme, dokud zelenina nezměkne .
e) Zeleninu posypte moukou a promíchejte, aby se obalila. Vařte 1-2 minuty, abyste odstranili syrovou chuť mouky.
f) Za stálého míchání pomalu přilévejte hovězí vývar a červené víno, aby nevznikly hrudky. Přiveďte k varu a nechte zhoustnout.
g) Přidejte opečené hovězí maso zpět na pánev. Vmícháme mražený hrášek a sušený tymián. Vařte několik minut, dokud směs nebude mít konzistenci podobnou dušenému.
h) Listové těsto rozválíme a nakrájíme na kolečka nebo čtverce, podle velikosti servírovacích misek.
i) Do jednotlivých hrnců vhodných do trouby nebo zapékací mísy dávejte lžičkou hovězí náplň.

j) Hovězí směs potřete tenkou vrstvou dijonské hořčice.
k) Na náplň položte kolečka nebo čtverce z listového těsta, okraje přitiskněte, aby se uzavřely.
l) Rozklepněte vejce a potřete jím listové těsto pro zlatavou povrchovou úpravu.
m) Pečte v předehřáté troubě 20–25 minut, nebo dokud těsto není zlatavě hnědé a nafouknuté.
n) Před podáváním nechte koláče Beef Wellington Pot Pies několik minut vychladnout. Užijte si uklidňující a chutný koláč s nádechem!

25.Hovězí Wellington Bites

SLOŽENÍ:
- 1 lb hovězí svíčkové, nakrájené na malé kostičky
- Sůl a černý pepř podle chuti
- 2 lžíce olivového oleje
- 1 šálek cremini houby, jemně nasekané
- 1 cibule, nakrájená nadrobno
- 2 stroužky česneku, mleté
- 1 lžíce dijonské hořčice
- 1 balení plátků listového těsta
- 1 vejce (na mytí vajec)

INSTRUKCE:
a) Předehřejte troubu na 400 °F (200 °C).
b) Kostky hovězího masa ochutíme solí a černým pepřem.
c) V pánvi rozehřejte olivový olej na středně vysokou teplotu. Kostky hovězího masa opečte ze všech stran dohněda. Vyjměte a dejte stranou.
d) Do stejné pánve přidejte cibuli, česnek a houby. Dusíme, dokud houby nepustí vlhkost a směs se nerozvoní.
e) Opečené kostky hovězího masa potřeme z každé strany tenkou vrstvou dijonské hořčice.
f) Listové těsto rozválejte a nakrájejte na malé čtverečky nebo kolečka, podle toho, co vám vyhovuje.
g) Umístěte lžíci houbové směsi do středu každého čtverce pečiva.
h) Na houbovou směs dejte kostku hovězího masa obalenou Dijonem.
i) Těsto přeložte přes hovězí maso a zalepte okraje, abyste vytvořili housky velikosti sousta.
j) Rozklepněte vejce a potřete jím listové těsto pro zlatavou povrchovou úpravu.
k) Beef Wellington Bites položte na plech a pečte 15–20 minut, nebo dokud těsto není zlatavě hnědé a nafouknuté.
l) Před podáváním nechte sousta několik minut vychladnout. Uspořádejte je na talíř a vychutnejte si tyto elegantní lahůdky na skus!

26. Poor Man's Beef Wellington

SLOŽENÍ:
- 1,5 kg hovězí sklíčkové pečeně, ořezané
- Sůl a černý pepř podle chuti
- 2 lžíce olivového oleje
- 1 cibule, nakrájená nadrobno
- 2 stroužky česneku, mleté
- 1 šálek žampionů, jemně nakrájených
- 1 lžíce worcesterské omáčky
- Listové těsto listy
- dijonská hořčice
- 1 vejce (na mytí vajec)

INSTRUKCE:
a) Předehřejte troubu na 400 °F (200 °C).
b) Hovězí pečínku ochutíme solí a černým pepřem.
c) Ve velké pánvi vhodné do trouby rozehřejte olivový olej na středně vysokou teplotu. Hovězí pečínku opečte ze všech stran dohněda. Vyjměte a dejte stranou.
d) Do stejné pánve přidejte cibuli, česnek a houby. Dusíme, dokud houby nepustí vlhkost a směs se nerozvoní.
e) Vmíchejte worcesterskou omáčku a vařte další 2-3 minuty. Nechte směs vychladnout.
f) Rozválíme listové těsto a výpek z hovězího sklíčka potřeme vrstvou dijonské hořčice.
g) Na hovězí maso položte houbovou směs.
h) Hovězí a houbovou směs zabalte do listového těsta, okraje utěsněte. V případě potřeby můžete nahoře vytvořit mřížkový vzor.
i) Rozklepněte vejce a potřete jím listové těsto pro zlatavou povrchovou úpravu.
j) Pánev vložíme do předehřáté trouby a pečeme 40–50 minut, nebo dokud těsto nezezlátne a hovězí maso nebude upečené podle vašich představ.
k) Před krájením nechte Poor Man's Beef Wellington několik minut odpočívat.
l) Podávejte plátky této cenově dostupné verze hovězího Wellingtonu s vašimi oblíbenými přílohami. Je to vynikající a ekonomičtější pojetí klasického jídla!

27.Masová koule Wellington

SLOŽENÍ:
NA KAŠINKY:
- 1 lb mletého hovězího masa
- 1/2 šálku strouhanky
- 1/4 šálku strouhaného parmazánu
- 1/4 šálku mléka
- 1 vejce
- 2 stroužky česneku, mleté
- 1 lžička sušeného oregana
- Sůl a černý pepř podle chuti

PRO HOUBOVÉ DUXELLES:
- 2 šálky žampionů, jemně nakrájené
- 2 lžíce másla
- 2 stroužky česneku, mleté
- Sůl a černý pepř podle chuti
- 2 lžíce nasekané čerstvé petrželky

PRO MONTÁŽ:
- Listové těsto listy
- dijonská hořčice
- 1 vejce (na mytí vajec)

INSTRUKCE:
NA KAŠINKY:
a) Předehřejte troubu na 400 °F (200 °C).
b) V misce smíchejte mleté hovězí maso, strouhanku, parmazán, mléko, vejce, mletý česnek, sušené oregano, sůl a černý pepř. Dobře promíchejte.
c) Ze směsi tvarujte karbanátky a dejte je na plech.
d) Pečte v předehřáté troubě 15-20 minut nebo dokud nejsou masové kuličky propečené.

PRO HOUBOVÉ DUXELLES:
e) V pánvi na středním plameni rozpustíme máslo. Přidejte nakrájené houby a prolisovaný česnek.
f) Vařte houby, dokud nepustí vlhkost a nezezlátnou.
g) Dochuťte solí a černým pepřem a vmíchejte nasekanou čerstvou petrželku. Dejte stranou vychladnout.

PRO MONTÁŽ:
h) Listové těsto rozválíme a nakrájíme na čtverce, na každý karbanátek jeden.
i) Každý čtverec potřete tenkou vrstvou dijonské hořčice.
j) Umístěte lžíci houbových duxelles do středu každého čtverce.
k) Na houbovou směs dáme upečený karbanátek.
l) Přeložte listové těsto přes karbanátek, okraje utěsněte. V případě potřeby můžete nahoře vytvořit mřížkový vzor.
m) Rozklepněte vejce a potřete jím listové těsto pro zlatavou povrchovou úpravu.
n) Masové kuličky položte na plech a pečte 20–25 minut, nebo dokud těsto nezezlátne.

28.Vzduchová fritéza mleté hovězí maso Wellington

SLOŽENÍ:
- 1 lb mletého hovězího masa
- Sůl a černý pepř podle chuti
- 1 lžíce olivového oleje
- 1 cibule, nakrájená nadrobno
- 2 stroužky česneku, mleté
- 1 šálek žampionů, jemně nakrájených
- 1 lžíce worcesterské omáčky
- Listové těsto listy
- dijonská hořčice
- 1 vejce (na mytí vajec)

INSTRUKCE:
a) Předehřejte si fritézu na 375 °F (190 °C).
b) V pánvi rozehřejte olivový olej na středně vysokou teplotu. Přidejte cibuli, česnek a houby. Dusíme, dokud houby nepustí vlhkost a směs se nerozvoní.
c) Do pánve přidejte mleté hovězí maso a vařte do zhnědnutí. Dochuťte solí a černým pepřem.
d) Vmíchejte worcesterskou omáčku a vařte další 2-3 minuty. Nechte směs vychladnout.
e) Rozválíme listové těsto a mletou hovězí směs potřeme vrstvou dijonské hořčice.
f) Na listové těsto položíme vychladlou směs mletého hovězího masa.
g) Mletou hovězí směs zabalte do listového těsta, okraje utěsněte. V případě potřeby můžete nahoře vytvořit mřížkový vzor.
h) Rozklepněte vejce a potřete jím listové těsto pro zlatavou povrchovou úpravu.
i) Vložte zabalený mletý hovězí Wellington do koše vzduchové fritézy.
j) Smažte na vzduchu 15–20 minut, nebo dokud není listové těsto dozlatova.
k) Před krájením nechte mletý hovězí Wellington několik minut vychladnout.

29. Cejn Wellington s květákem, okurkou a ředkvičkou

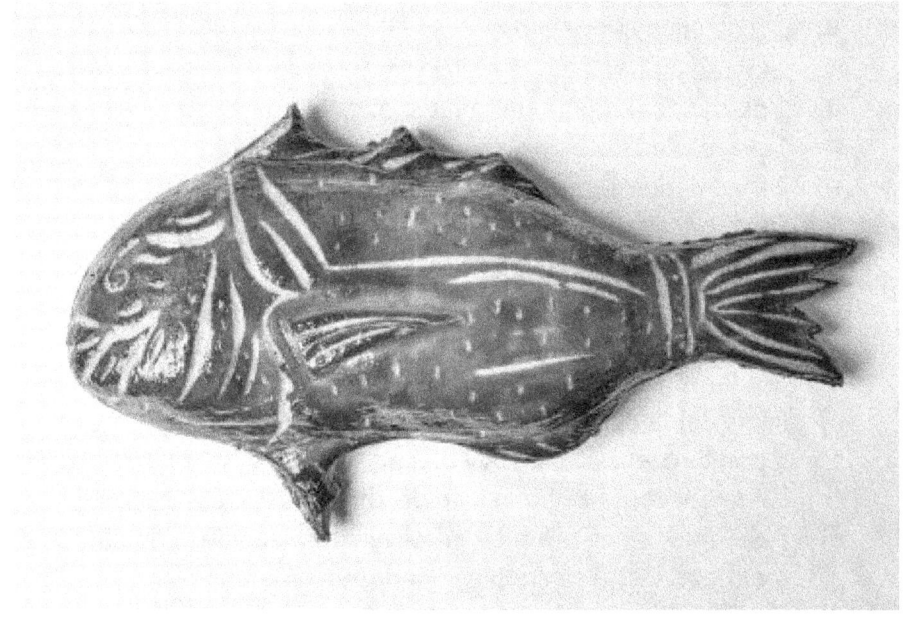

SLOŽENÍ:
- 4 filety z cejna
- Sůl a černý pepř podle chuti
- 2 lžíce olivového oleje
- 1 květák, nakrájený na růžičky
- 1 okurka, nakrájená na tenké plátky
- 1 svazek ředkviček nakrájených na tenké plátky
- 2 lžíce dijonské hořčice
- Listové těsto listy
- 1 vejce (na mytí vajec)

INSTRUKCE:
a) Předehřejte troubu na 400 °F (200 °C).
b) Filety cejna ochutíme solí a černým pepřem.
c) V pánvi rozehřejte olivový olej na středně vysokou teplotu. Filety z cejna opečeme z obou stran do zhnědnutí. Dát stranou.
d) Do stejné pánve přidejte růžičky květáku a vařte, dokud nezačnou měknout. Dejte stranou vychladnout.
e) Vyválejte listové těsto a každý filet cejna potřete dijonskou hořčicí.
f) Na každý plát těsta položte vrstvu opečeného cejna a ponechejte prostor kolem okrajů.
g) Na filety cejna naaranžujte růžičky květáku, plátky okurky a plátky ředkvičky.
h) Listové těsto přeložte přes rybí a zeleninovou náplň, okraje utěsněte. V případě potřeby můžete nahoře vytvořit mřížkový vzor.
i) Rozklepněte vejce a potřete jím listové těsto pro zlatavou povrchovou úpravu.
j) Cejny položte na plech a pečte 20–25 minut, nebo dokud těsto nezezlátne.
k) Před podáváním nechte Cejn Wellington s květákem, okurkou a ředkvičkou několik minut odpočinout. Podávejte s přílohou vaší oblíbené omáčky nebo lehkým dresinkem s bylinkami. Vychutnejte si toto elegantní a chutné jídlo!

30. Hovězí Wellington ve stylu Texas

SLOŽENÍ:
- 2 libry hovězí svíčkové
- Sůl a černý pepř podle chuti
- 2 lžíce olivového oleje
- 1 šálek karamelizované cibule
- 1 šálek vařené a nakrájené hrudi (zbylé nebo zakoupené v obchodě)
- 1/4 šálku barbecue omáčky
- Listové těsto listy
- dijonská hořčice
- 1 vejce (na mytí vajec)

INSTRUKCE:
a) Předehřejte troubu na 400 °F (200 °C).
b) Hovězí svíčkovou ochutíme solí a černým pepřem.
c) V pánvi rozehřejte olivový olej na středně vysokou teplotu. Hovězí svíčkovou opečeme ze všech stran dohněda. Dát stranou.
d) Ve stejné pánvi smíchejte karamelizovanou cibuli, nakrájenou hrudí a barbecue omáčku. Vařte několik minut, dokud se chutě nespojí. Nechte směs vychladnout.
e) Vyválejte listové těsto a hovězí svíčkovou potřete dijonskou hořčicí.
f) Na hovězí potřené hořčicí položte vrstvu směsi hrudí a karamelizované cibule.
g) Směs hovězího a hrudního masa zabalte do listového těsta, okraje utěsněte. V případě potřeby můžete nahoře vytvořit mřížkový vzor.
h) Rozklepněte vejce a potřete jím listové těsto pro zlatavou povrchovou úpravu.
i) Zabalený Texas Style Beef Wellington položte na plech a pečte 25–30 minut, nebo dokud není pečivo dozlatova.
j) Před krájením nechte maso Texas Style Beef Wellington několik minut odpočinout. Podávejte s extra barbecue omáčkou na boku. Užijte si tento texaský twist na klasickém hovězím Wellingtonu s bohatou chutí karamelizované cibule a hrudí!

31.Zelenina Wellington

SLOŽENÍ:
- 1 velký lilek, nakrájený na tenká kolečka
- 2 cukety, nakrájené na tenké proužky
- 1 červená paprika, nakrájená na tenké plátky
- 1 žlutá paprika, nakrájená na tenké plátky
- 1 šálek cherry rajčat, napůl
- 2 šálky špenátu, nakrájeného
- 1 šálek sýra feta, rozdrobený
- 2 lžíce olivového oleje
- 2 stroužky česneku, mleté
- Sůl a černý pepř podle chuti
- Listové těsto listy
- dijonská hořčice
- 1 vejce (na mytí vajec)

INSTRUKCE:
a) Předehřejte troubu na 400 °F (200 °C).
b) V pánvi rozehřejte olivový olej na středním plameni. Přidejte nasekaný česnek a restujte, dokud nebude voňavý.
c) Do pánve přidejte nakrájený lilek, cuketu a papriku. Vaříme, dokud zelenina nezměkne. Dochuťte solí a černým pepřem.
d) Vmícháme nakrájený špenát a cherry rajčata. Vařte, dokud špenát nezměkne a rajčata nezměknou. Nechte směs vychladnout.
e) Vyválejte listové těsto a těsto potřete dijonskou hořčicí.
f) Uvařenou zeleninovou směs dáme na hořčicí potřené pečivo.
g) Zeleninu posypeme rozdrobeným sýrem feta.
h) Listové těsto přehneme přes zeleninovou a tvarohovou náplň, okraje utěsníme. V případě potřeby můžete nahoře vytvořit mřížkový vzor.
i) Rozklepněte vejce a potřete jím listové těsto pro zlatavou povrchovou úpravu.
j) Zabalený Vegetables Wellington položte na plech a pečte 25–30 minut, nebo dokud těsto nezezlátne.
k) Před krájením nechte Vegetables Wellington několik minut vychladnout.

32.Jackalope Wellingtonová

SLOŽENÍ:
- 2 libry srnčího nebo králičího masa, najemno natlučeného
- Sůl a černý pepř podle chuti
- 2 lžíce olivového oleje
- 1 šálek lesních hub (jako je smrž nebo liška), jemně nasekaných
- 1 cibule, nakrájená nadrobno
- 2 stroužky česneku, mleté
- 1/4 šálku červeného vína
- Listové těsto listy
- dijonská hořčice
- 1 vejce (na mytí vajec)

INSTRUKCE:
a) Předehřejte troubu na 400 °F (200 °C).
b) Naklepané srnčí nebo králičí maso ochutíme solí a černým pepřem.
c) V pánvi rozehřejte olivový olej na středně vysokou teplotu. Cibuli a česnek orestujte do změknutí.
d) Do pánve přidejte nakrájené lesní houby a vařte, dokud nepustí vlhkost.
e) Zalijeme červeným vínem a vaříme, dokud se tekutina neodpaří. Nechte směs vychladnout.
f) Rozválíme listové těsto a maso potřeme dijonskou hořčicí.
g) Na maso potřené hořčicí položíme vrstvu houbové směsi.
h) Masovou a houbovou směs zabalte do listového těsta, okraje utěsněte. V případě potřeby můžete nahoře vytvořit mřížkový vzor.
i) Rozklepněte vejce a potřete jím listové těsto pro zlatavou povrchovou úpravu.
j) Zabalenou Jackalope Wellington položte na plech a pečte 25–30 minut, nebo dokud těsto nezezlátne.
k) nechte Jackalope Wellington několik minut odpočinout. Podávejte s omáčkou z lesních plodů nebo s vašimi oblíbenými přílohami. Vychutnejte si toto nápadité a chutné jídlo!

33. Italské hovězí Wellington

SLOŽENÍ:
- 2 libry hovězí svíčkové
- Sůl a černý pepř podle chuti
- 2 lžíce olivového oleje
- 1 šálek prosciutta, nakrájeného na tenké plátky
- 1 šálek žampionů, jemně nakrájených
- 1 šálek špenátu, nakrájeného
- 1 šálek sýra ricotta
- 2 stroužky česneku, mleté
- 1 lžička sušeného oregana
- Listové těsto listy
- 1 vejce (na mytí vajec)

INSTRUKCE:

a) Předehřejte troubu na 400 °F (200 °C).
b) Hovězí svíčkovou ochutíme solí a černým pepřem.
c) V pánvi rozehřejte olivový olej na středně vysokou teplotu. Hovězí svíčkovou opečeme ze všech stran dohněda. Dát stranou.
d) Do stejné pánve přidejte prosciutto a vařte, dokud nebude lehce křupavé. Vyjměte z pánve a dejte stranou.
e) Do stejné pánve přidejte houby a česnek. Vaříme, dokud houby nepustí vlhkost.
f) Vmícháme nakrájený špenát a vaříme do zvadnutí. Odstraňte z ohně a nechte směs vychladnout.
g) Vyválejte listové těsto a hovězí svíčkovou potřete vrstvou sýra ricotta.
h) Na ricottu položte vrstvu prosciutta.
i) Na prosciutto rozprostřete houbovou a špenátovou směs.
j) Navrstvené hovězí maso a náplň přeložte listovým těstem, okraje utěsněte. V případě potřeby můžete nahoře vytvořit mřížkový vzor.
k) Rozklepněte vejce a potřete jím listové těsto pro zlatavou povrchovou úpravu.
l) Zabalený italský hovězí Wellington položte na plech a pečte 25–30 minut, nebo dokud těsto nezezlátne.
m) Před krájením nechte italský hovězí Wellington několik minut odpočinout. Podáváme s přílohou marinarové omáčky nebo balzamikové redukce.
n) Užijte si tento italsky inspirovaný twist na klasickém Wellingtonu!

34. Veggie Lentil Wellington

SLOŽENÍ:
NA ČOČKOVOU NÁPLŇ:
- 1 šálek sušené zelené nebo hnědé čočky, vařené
- 1 cibule, nakrájená nadrobno
- 2 stroužky česneku, mleté
- 1 mrkev, nastrouhaná
- 1 řapíkatý celer, nakrájený nadrobno
- 1 šálek žampionů, jemně nakrájených
- 1 lžička sušeného tymiánu
- 1 lžička sušeného rozmarýnu
- Sůl a černý pepř podle chuti
- 2 lžíce rajčatového protlaku
- 1/2 hrnku zeleninového vývaru
- 1 šálek čerstvého špenátu, nakrájeného

PRO WELLINGTON:
- Listové těsto listy
- dijonská hořčice
- 1 vejce (na mytí vajec)

INSTRUKCE:
NA ČOČKOVOU NÁPLŇ:
a) Na pánvi orestujte cibuli a česnek na olivovém oleji do změknutí.
b) Přidejte nastrouhanou mrkev, nakrájený celer a houby. Vařte, dokud zelenina nezměkne.
c) Vmícháme uvařenou čočku, tymián, rozmarýn, sůl a černý pepř.
d) Přidejte rajčatový protlak a zeleninový vývar. Dusíme, dokud směs nezhoustne.
e) Přidejte nakrájený čerstvý špenát a vařte do zvadnutí. Nechte směs vychladnout.

PRO WELLINGTON:
f) Předehřejte troubu na 400 °F (200 °C).
g) Rozválejte listové těsto a potřete ho tenkou vrstvou dijonské hořčice.
h) Směs čočky a zeleniny nanášejte na střed těsta.
i) Listové těsto přehneme přes čočkovou náplň, okraje utěsníme. V případě potřeby můžete nahoře vytvořit mřížkový vzor.

j) Rozklepněte vejce a potřete jím listové těsto pro zlatavou povrchovou úpravu.
k) Veggie Lentil Wellington položte na plech a pečte 25–30 minut, nebo dokud těsto nezezlátne.
l) Před krájením nechte Veggie Lentil Wellington několik minut odpočívat. Podávejte s přílohou vaší oblíbené vegetariánské omáčky nebo omáčky. Užijte si tento vydatný a chutný vegetariánský Wellington!

35. Portobello, Pekan a Chestnut Wellington

SLOŽENÍ:
K NÁPLNĚ:
- 4 velké houby Portobello, stopky odstraněné
- 1 šálek pekanových ořechů, opečených a nakrájených
- 1 šálek kaštanů, pražených a oloupaných
- 2 lžíce olivového oleje
- 1 cibule, nakrájená nadrobno
- 3 stroužky česneku, nasekané
- 1 lžička lístků čerstvého tymiánu
- Sůl a černý pepř podle chuti
- 1 šálek čerstvého špenátu, nakrájeného
- 1/2 šálku strouhanky
- 1/2 hrnku zeleninového vývaru

PRO WELLINGTON:
- Listové těsto listy
- dijonská hořčice
- 1 vejce (na mytí vajec)

INSTRUKCE:
K NÁPLNĚ:
a) Předehřejte troubu na 400 °F (200 °C).
b) Houby Portobello položte na plech. Zakápněte olivovým olejem, dochuťte solí a pepřem a opékejte asi 15–20 minut do změknutí. Nechte je vychladnout.
c) Na pánvi orestujte cibuli a česnek na olivovém oleji do změknutí.
d) Do pánve přidejte nasekané kaštany, opečené pekanové ořechy a čerstvý tymián. Vařte několik minut, dokud nezavoní.
e) Vmícháme čerstvý špenát a vaříme do zvadnutí.
f) Do pánve přidejte strouhanku a zeleninový vývar, čímž vytvoříte vlhkou nádivku. Dochuťte solí a pepřem.
g) Z vychladlých žampionů Portobello vyjměte žábry a položte je na fólii plastové fólie, mírně se překrývají.
h) Pekanovou, kaštanovou a špenátovou směs rozprostřete na houby.
i) Houby a náplň srolujte pomocí plastové fólie do tvaru polena. Nechte v lednici vychladit asi 30 minut.

PRO WELLINGTON:
j) Předehřejte troubu na 400 °F (200 °C).
k) Rozválejte listové těsto a potřete ho tenkou vrstvou dijonské hořčice.
l) Vychladlé houby a plnicí poleno rozbalte a položte do středu těsta.
m) Přeložte listové těsto přes poleno, okraje utěsněte. V případě potřeby můžete nahoře vytvořit mřížkový vzor.
n) Rozklepněte vejce a potřete jím listové těsto pro zlatavou povrchovou úpravu.
o) Pečené žampiony Portobello, pekanové ořechy a kaštanové Wellingtony dejte na plech a pečte 25–30 minut, nebo dokud těsto nezezlátne.
p) Před krájením nechte Wellington několik minut odpočívat. Podávejte s přílohou vaší oblíbené houbové omáčky nebo omáčky. Užijte si tento elegantní a chutný vegetariánský Wellington!

36. Vepřový Wellington

SLOŽENÍ:
PRO VEPŘOVÉ:
- 2 libry vepřové panenky
- Sůl a černý pepř podle chuti
- 2 lžíce olivového oleje
- dijonská hořčice

PRO HOUBOVÉ DUXELLES:
- 2 šálky žampionů, jemně nakrájené
- 2 lžíce másla
- 2 stroužky česneku, mleté
- Sůl a černý pepř podle chuti
- 2 lžíce čerstvé petrželky, nasekané

PRO MONTÁŽ:
- Listové těsto listy
- Plátky prosciutta
- 1 vejce (na mytí vajec)

INSTRUKCE:
PRO VEPŘOVÉ:
a) Předehřejte troubu na 400 °F (200 °C).
b) Vepřovou panenku ochutíme solí a černým pepřem.
c) V pánvi rozehřejte olivový olej na středně vysokou teplotu. Vepřovou panenku opečeme ze všech stran dohněda. Dejte stranou vychladnout.
d) Po vychladnutí potřeme vepřové maso dijonskou hořčicí.

PRO HOUBOVÉ DUXELLES:
e) Ve stejné pánvi rozpustíme máslo na středním plameni. Přidejte nasekaný česnek a restujte, dokud nebude voňavý.
f) Do pánve přidejte nakrájené houby a vařte, dokud nepustí vlhkost.
g) Dochuťte solí a černým pepřem. Vmícháme čerstvou petrželku a vaříme, dokud se směs dobře nespojí . Nechte vychladnout.

PRO MONTÁŽ:
h) Rozválíme listové těsto a na něj navrstvíme plátky prosciutta, které se mírně překrývají.
i) Na prosciutto rozetřete tenkou vrstvu houbových duxelles .

j) Na houbovou směs položte dijonskou kartáčovanou vepřovou panenku.
k) Listové těsto převineme přes vepřové maso a okraje zalepíme. V případě potřeby můžete nahoře vytvořit mřížkový vzor.
l) Rozklepněte vejce a potřete jím listové těsto pro zlatavou povrchovou úpravu.
m) Vepřovou housku položte na plech a pečte 25–30 minut, nebo dokud těsto nezezlátne.
n) Před krájením nechte vepřový Wellington několik minut odpočinout. Podávejte s přílohou vaší oblíbené omáčky nebo omáčky. Užijte si tento lahodný a elegantní twist na klasickém Wellingtonu!

37. Grilovaný hovězí Wellington

SLOŽENÍ:
NA HOVĚZÍ:
- 2 libry hovězí svíčkové
- Sůl a černý pepř podle chuti
- 2 lžíce olivového oleje
- dijonská hořčice

PRO HOUBOVÉ DUXELLES:
- 2 šálky žampionů, jemně nakrájené
- 2 lžíce másla
- 2 stroužky česneku, mleté
- Sůl a černý pepř podle chuti
- 2 lžíce čerstvé petrželky, nasekané

PRO MONTÁŽ:
- Listové těsto listy
- Plátky prosciutta
- 1 vejce (na mytí vajec)

INSTRUKCE:
NA HOVĚZÍ:
a) Předehřejte gril na středně vysokou teplotu.
b) Hovězí svíčkovou ochutíme solí a černým pepřem.
c) Hovězí maso opečte na rozpáleném grilu několik minut z každé strany, aby se pěkně opeklo. Tento krok je nezbytný pro uzavření šťávy.
d) Grilované hovězí maso nechte vychladnout a poté jej potřete dijonskou hořčicí.

PRO HOUBOVÉ DUXELLES:
e) V pánvi na středním plameni rozpustíme máslo. Přidejte nasekaný česnek a restujte, dokud nebude voňavý.
f) Do pánve přidejte nakrájené houby a vařte, dokud nepustí vlhkost.
g) Dochuťte solí a černým pepřem. Vmícháme čerstvou petrželku a vaříme, dokud se směs dobře nespojí. Nechte vychladnout.

PRO MONTÁŽ:
h) Na čistém povrchu vyválejte listové těsto.
i) Na listové těsto navrstvíme plátky prosciutta, mírně se překrývají.
j) Na prosciutto rozetřete tenkou vrstvu houbových duxelles.

k) Na houbovou směs položte Dijonskou kartáčovanou grilovanou hovězí svíčkovou.
l) Listové těsto převineme přes hovězí maso a zalepíme okraje. V případě potřeby můžete nahoře vytvořit mřížkový vzor.
m) Rozklepněte vejce a potřete jím listové těsto pro zlatavou povrchovou úpravu.
n) Zabalený Wellington opatrně přendejte na gril. Použijte nepřímé teplo, aby nedošlo k připálení spodní části pečiva.
o) Grilujte Beef Wellington po dobu asi 20-25 minut, nebo dokud pečivo není zlatohnědé a vnitřní teplota hovězího masa nedosáhne požadované úrovně propečení.
p) Před krájením nechte grilovaný hovězí Wellington několik minut odpočinout. Podávejte s přílohou vaší oblíbené omáčky nebo omáčky. Vychutnejte si uzenou dobrotu z grilu!

38. Fík a šalvěj Turkey Wellington

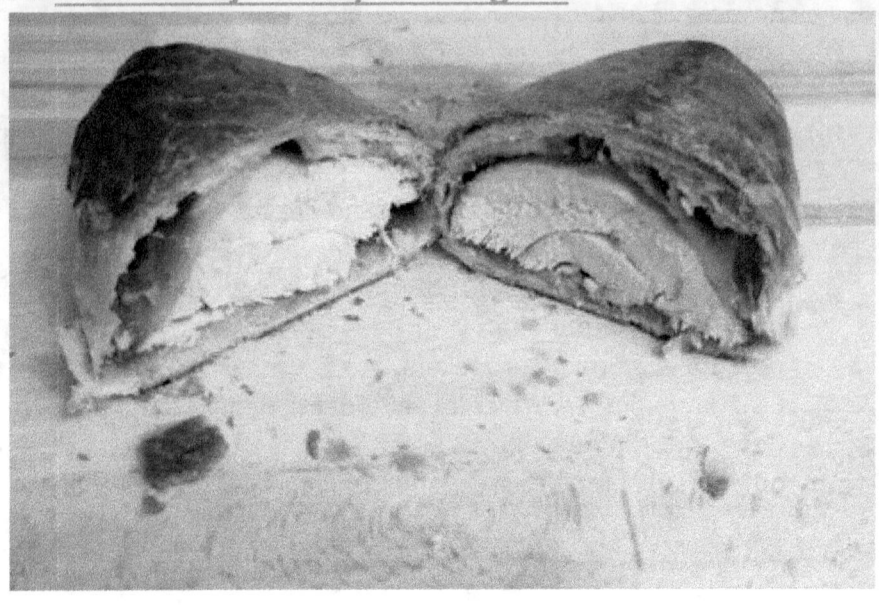

SLOŽENÍ:
PRO TURECKO:
- 2 libry krůtí prsa, bez kostí a kůže
- Sůl a černý pepř podle chuti
- 2 lžíce olivového oleje
- dijonská hořčice

PRO FÍKOVÉ A ŠALVĚJOVÉ NÁPLNĚ:
- 1 šálek sušených fíků, nakrájených
- 1 hrnek strouhanky
- 1/2 šálku pekanových ořechů, nasekaných
- 1/4 šálku čerstvých šalvějových listů, nasekaných
- 1 cibule, nakrájená nadrobno
- 2 stroužky česneku, mleté
- 2 lžíce másla
- Sůl a černý pepř podle chuti
- 1/2 šálku kuřecího nebo krůtího vývaru

PRO MONTÁŽ:
- Listové těsto listy
- Plátky prosciutta
- 1 vejce (na mytí vajec)

INSTRUKCE:
PRO TURECKO:
a) Předehřejte troubu na 400 °F (200 °C).
b) Krůtí prsa ochutíme solí a černým pepřem.
c) V pánvi rozehřejte olivový olej na středně vysokou teplotu. Krůtí prsa opečeme ze všech stran dohněda. Dejte stranou vychladnout.
d) Po vychladnutí potřeme krůtu dijonskou hořčicí.

PRO FÍKOVÉ A ŠALVĚJOVÉ NÁPLNĚ:
e) Ve stejné pánvi rozpustíme máslo na středním plameni. Přidejte nakrájenou cibuli a česnek. Dusíme do změknutí.
f) Do pánve přidejte nakrájené fíky, strouhanku, pekanové ořechy a čerstvou šalvěj. Vařte několik minut, dokud se směs dobře nespojí
.
g) Dochuťte solí a černým pepřem. Zalijte kuřecím nebo krůtím vývarem, aby nádivka zvlhčila. Nechte vychladnout.

PRO MONTÁŽ:
h) Na čistém povrchu vyválejte listové těsto.
i) Na listové těsto navrstvíme plátky prosciutta, mírně se překrývají.
j) Na prosciutto rozetřete tenkou vrstvu nádivky z fíků a šalvěje.
k) Na nádivku položte dijonská kartáčovaná krůtí prsa.
l) Listové těsto převineme přes krůtu a okraje zalepíme. V případě potřeby můžete nahoře vytvořit mřížkový vzor.
m) Rozklepněte vejce a potřete jím listové těsto pro zlatavou povrchovou úpravu.
n) Zabalené fíky a šalvěj krůtí Wellington položte na plech a pečte 30–35 minut, nebo dokud těsto nezezlátne.
o) Před krájením nechte fíkovník a šalvěj krůtí Wellington několik minut odpočinout. Podávejte s brusinkovou omáčkou nebo krůtí omáčkou. Užijte si tento sváteční a voňavý Wellington!

39.Modrý sýr a hovězí Wellington

SLOŽENÍ:
NA HOVĚZÍ:
- 2 libry hovězí svíčkové
- Sůl a černý pepř podle chuti
- 2 lžíce olivového oleje
- dijonská hořčice

NA MODRÉ SYROVÉ A HOUBOVÉ DUXELLES:
- 2 šálky žampionů, jemně nakrájené
- 2 lžíce másla
- 2 stroužky česneku, mleté
- Sůl a černý pepř podle chuti
- 1/2 šálku modrého sýra, rozdrobený
- 2 lžíce lístků čerstvého tymiánu

PRO MONTÁŽ:
- Listové těsto listy
- Plátky prosciutta
- 1 vejce (na mytí vajec)

INSTRUKCE:
NA HOVĚZÍ:
a) Předehřejte troubu na 400 °F (200 °C).
b) Hovězí svíčkovou ochutíme solí a černým pepřem.
c) V pánvi rozehřejte olivový olej na středně vysokou teplotu. Hovězí svíčkovou opečeme ze všech stran dohněda. Dejte stranou vychladnout.
d) Po vychladnutí potřeme hovězí maso dijonskou hořčicí.

NA MODRÉ SYROVÉ A HOUBOVÉ DUXELLES:
e) Ve stejné pánvi rozpustíme máslo na středním plameni. Přidejte nasekaný česnek a restujte, dokud nebude voňavý.
f) Do pánve přidejte nakrájené houby a vařte, dokud nepustí vlhkost.
g) Dochuťte solí a černým pepřem. Vmícháme nadrobenou nivu a čerstvý tymián. Vařte, dokud se směs dobře nespojí . Nechte vychladnout.

PRO MONTÁŽ:
h) Na čistém povrchu vyválejte listové těsto.
i) Na listové těsto navrstvíme plátky prosciutta, mírně se překrývají.

j) Na prosciutto rozetřete tenkou vrstvu nivy a houbových duxelles .
k) Na duxelles položte dijonskou kartáčovanou hovězí svíčkovou .
l) Listové těsto převalte přes hovězí maso a duxelles , okraje utěsněte. V případě potřeby můžete nahoře vytvořit mřížkový vzor.
m) Rozklepněte vejce a potřete jím listové těsto pro zlatavou povrchovou úpravu.
n) Zabalené Blue Cheese a Beef Wellington položte na plech a pečte 25–30 minut, nebo dokud těsto nezezlátne.

40. Vepřová panenka s pečeným listovým těstem

SLOŽENÍ:
- 1 plát listového těsta
- 1 filet z vepřového masa
- 6 plátků slaniny
- 6 plátků sýra
- 1 vejce, rozšlehané

INSTRUKCE:
a) Předehřejte troubu na 220 °C.
b) Filet okoříme pepřem a osmahneme na pánvi.
c) Rezervujte a nechte vychladnout.
d) Natáhněte plát listového těsta.
e) Do střední části položte plátky sýra a poté plátky slaniny tak, aby obalily svíčkovou.
f) Jakmile je panenka vychladlá , položte ji na slaninu.
g) Nakonec listové těsto uzavřeme.
h) Vepřovou panenku obalenou v listovém těstě potřeme rozšlehaným vejcem a dáme do trouby na cca 30 minut.

EN CROÛTE

41. Belgický losos v listovém těstě

SLOŽENÍ:
- 2 pláty listového těsta, pokud je zmrazené, rozmrazíme
- 2 filety lososa, zbavené kůže
- 1 šálek čerstvých špenátových listů
- 4 unce smetanového sýra, změkčeného
- 2 lžíce nasekaného čerstvého kopru
- 1 lžíce dijonské hořčice
- Sůl a pepř na dochucení
- 1 vejce, rozšlehané (na mytí vajec)

INSTRUKCE:

a) Předehřejte troubu na 400 °F (200 °C). Plech vyložte pečícím papírem.

b) Každý plát listového těsta rozválejte na lehce pomoučené ploše, dokud nebude dostatečně velký, aby se dal obalit kolem jednoho filetu lososa.

c) V míse smíchejte změklý smetanový sýr, nasekaný čerstvý kopr, dijonskou hořčici, sůl a pepř. Dobře promíchejte, aby se spojily.

d) Na každý vyválený plát listového těsta položíme jeden filet z lososa. Lososa osolíme a opepříme.

e) Navrch každého filetu lososa rozprostřete vrstvu čerstvých listů špenátu.

f) Směs smetanového sýra rovnoměrně naneste na špenátovou vrstvu a zakryjte filety lososa.

g) Listové těsto opatrně přeložte přes lososa a náplň, okraje přitiskněte k sobě. V případě potřeby ořízněte přebytečné pečivo.

h) Zabalené balíčky lososa přendejte na připravený plech, stranou se švem dolů.

i) Vršek každého balíčku z listového těsta potřete rozšlehaným vejcem, abyste vytvořili zlatavou a lesklou kůrku.

j) Ostrým nožem udělejte na vrchu každého těsta několik zářezů, aby mohla během pečení unikat pára.

k) Pečte v předehřáté troubě asi 20-25 minut, nebo dokud není listové těsto dozlatova a losos propečený.

l) Belgický losos v listovém těstě vyndejte z trouby a před podáváním ho nechte pár minut odpočinout.

m) Nakrájejte lososa en nakrájejte na silnější porce a podávejte horké. Výborně se hodí k dušené zelenině nebo čerstvému salátu.

42. Seitan En Croute

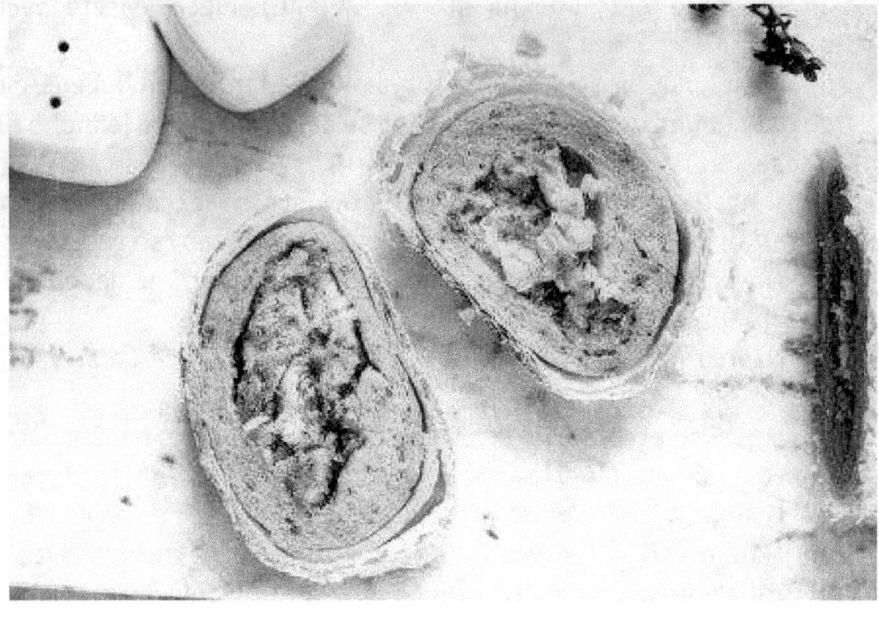

SLOŽENÍ:
- 1 lžíce olivového oleje
- 2 střední šalotky, mleté
- unce bílých hub, mletých
- $1/4$ šálku Madeiry
- 1 lžíce nasekané čerstvé petrželky
- $1/2$ lžičky sušeného tymiánu
- $1/2$ lžičky sušeného pikantního
- 2 šálky jemně nakrájených kostek suchého chleba
- Sůl a čerstvě mletý černý pepř
- 1 list zmrazeného listového těsta, rozmražený
- ($1/4$ palce tlusté) plátky seitanu asi 3 x 4 palce ovály nebo obdélníky, osušené

INSTRUKCE:
a) Ve velké pánvi rozehřejte olej na středním plameni.
b) Přidejte šalotku a vařte do změknutí, asi 3 minuty. Přidejte houby a za občasného míchání vařte, dokud houby nezměknou , asi 5 minut.
c) Přidejte madieru , petržel, tymián a saturejku a vařte, dokud se tekutina téměř neodpaří. Vmícháme kostky chleba a dochutíme solí a pepřem podle chuti. Dejte stranou vychladnout.
d) Položte plát listového těsta na velký kus plastové fólie na rovné pracovní ploše. Navrch dejte další kousek igelitu a pomocí válečku těsto lehce rozválejte, aby se vyhladilo. Těsto nakrájíme na čtvrtky.
e) Do středu každého kousku těsta položte 1 plátek seitanu. Rozdělte mezi ně nádivku a rozprostřete ji tak, aby pokryla seitan. Každý položte zbývajícími plátky seitanu. Těsto přehněte, aby se vložila náplň, okraje přimáčkněte prsty, aby se utěsnily.
f) Balíčky pečiva položte švem dolů na velký nevymaštěný plech a dejte na 30 minut do chladničky.
g) Předehřejte troubu na 400 °F. Pečte, dokud není kůrka zlatavě hnědá, asi 20 minut. Ihned podávejte.

43.Kuře a houby En Croûte

SLOŽENÍ:
- 4 kuřecí prsa
- Sůl a černý pepř podle chuti
- Olivový olej
- 1 šálek žampionů, nakrájených na plátky
- 2 stroužky česneku, mleté
- Listové těsto listy
- Tavený sýr
- Listy čerstvého tymiánu
- 1 vejce (na mytí vajec)

INSTRUKCE:
a) Předehřejte troubu na 400 °F (200 °C).
b) Kuřecí prsa ochutíme solí a černým pepřem.
c) Na pánvi orestujte houby a česnek na olivovém oleji do měkka.
d) Rozválíme listové těsto a potřeme vrstvou tvarohového krému.
e) Navrch položte kuřecí prsa, na ně lžící žampiony a posypte čerstvým tymiánem.
f) Přeložte listové těsto přes kuře, okraje utěsněte.
g) Rozklepneme vajíčko a potřeme jím listové těsto.
h) Pečte 25–30 minut, nebo dokud těsto není zlatohnědé.

44. Zeleninové En Croûte

SLOŽENÍ:
- 1 lilek, nakrájený na plátky
- 2 cukety, nakrájené na plátky
- 1 červená paprika, nakrájená na plátky
- Olivový olej
- Sůl a černý pepř podle chuti
- Listové těsto listy
- Pesto omáčka
- Sýr feta, rozdrobený
- 1 vejce (na mytí vajec)

INSTRUKCE:
a) Předehřejte troubu na 400 °F (200 °C).
b) Lilek, cuketu a plátky červené papriky vhoďte do olivového oleje, soli a černého pepře.
c) Listové těsto rozválíme a potřeme vrstvou pesto omáčky.
d) Na těsto potažené pestem naaranžujeme plátky zeleniny, posypeme rozdrobenou fetou.
e) Listové těsto přehneme přes zeleninu, okraje utěsníme.
f) Rozklepneme vajíčko a potřeme jím listové těsto.
g) Pečte 20–25 minut, nebo dokud těsto není zlatohnědé.

45. Hovězí maso a modrý sýr En Croûte

SLOŽENÍ:
- 1 lb hovězí svíčkové, nakrájené na tenké plátky
- Sůl a černý pepř podle chuti
- Olivový olej
- Listy z listového těsta
- Modrý sýr, rozdrobený
- Karamelizovaná cibule
- 1 vejce (na mytí vajec)

INSTRUKCE:
a) Předehřejte troubu na 400 °F (200 °C).
b) Hovězí plátky ochutíme solí a černým pepřem.
c) Na pánvi opečte plátky hovězího masa na olivovém oleji do hněda.
d) Rozválíme listové těsto a navrstvíme na něj nivu.
e) Nahoru položíme plátky hovězího masa, přidáme karamelizovanou cibuli.
f) Přeložte listové těsto přes hovězí maso a cibuli, okraje utěsněte.
g) Rozklepneme vajíčko a potřeme jím listové těsto.
h) Pečte 20–25 minut, nebo dokud těsto není zlatohnědé.

46. Špenát a Feta En Croûte

SLOŽENÍ:
- Listy z listového těsta
- 2 šálky čerstvého špenátu, nakrájeného
- 1 šálek sýra feta, rozdrobený
- 1/4 šálku piniových oříšků
- 2 stroužky česneku, mleté
- Olivový olej
- Sůl a černý pepř podle chuti
- 1 vejce (na mytí vajec)

INSTRUKCE:
a) Předehřejte troubu na 400 °F (200 °C).
b) Rozválíme listové těsto a potřeme vrstvou nakrájeného čerstvého špenátu.
c) Špenát posypte rozdrobeným sýrem feta, piniovými oříšky a mletým česnekem.
d) Zakápněte olivovým olejem a dochuťte solí a černým pepřem.
e) Listové těsto přehneme přes náplň, okraje utěsníme.
f) Rozklepneme vajíčko a potřeme jím listové těsto.
g) Pečte 20–25 minut, nebo dokud těsto není zlatohnědé.

47. Ratatouille En Croûte

SLOŽENÍ:
- Listové těsto listy
- 1 lilek, nakrájený na plátky
- 2 cukety, nakrájené na plátky
- 1 paprika, nakrájená na kostičky
- 1 cibule, nakrájená na kostičky
- 2 rajčata, nakrájená na plátky
- Olivový olej
- Bylinky z Provence
- Sůl a černý pepř podle chuti
- 1 vejce (na mytí vajec)

INSTRUKCE:
a) Předehřejte troubu na 400 °F (200 °C).
b) Listové těsto rozválíme a naskládáme na něj nakrájený lilek, cuketu, papriku, cibuli a rajče.
c) Zakápněte olivovým olejem, posypte Provence bylinkami , solí a černým pepřem.
d) Listové těsto přehneme přes zeleninu, okraje utěsníme.
e) Rozklepneme vajíčko a potřeme jím listové těsto.
f) Pečte 25–30 minut, nebo dokud těsto není zlatohnědé.

48. Krevety a chřest En Croûte

SLOŽENÍ:
- Listové těsto listy
- 1 lb krevety, oloupané a zbavené
- 1 svazek chřestu, nakrájený
- 2 lžíce olivového oleje
- Česnekový prášek
- Citrónová kůra
- Sůl a černý pepř podle chuti
- 1 vejce (na mytí vajec)

INSTRUKCE:
a) Předehřejte troubu na 400 °F (200 °C).
b) Rozválíme listové těsto a navrstvíme na něj krevety a chřest.
c) Zakápněte olivovým olejem, přisypte česnekový prášek, citronovou kůru, sůl a černý pepř.
d) Přeložte listové těsto přes krevety a chřest, okraje utěsněte.
e) Rozklepneme vajíčko a potřeme jím listové těsto.
f) Pečte 20–25 minut, nebo dokud těsto není zlatohnědé.

49. Apple a Brie En Croûte

SLOŽENÍ:
- Listové těsto listy
- 2 jablka, nakrájená na tenké plátky
- Sýr Brie, nakrájený na plátky
- 1/4 šálku medu
- 1/4 šálku nasekaných vlašských ořechů
- Skořice
- 1 vejce (na mytí vajec)

INSTRUKCE:
a) Předehřejte troubu na 400 °F (200 °C).
b) Rozválíme listové těsto a navrstvíme na něj nakrájená jablka a Brie.
c) Pokapejte medem, přisypte nasekané vlašské ořechy a špetku skořice.
d) Přeložte listové těsto přes jablka a Brie, okraje utěsněte.
e) Rozklepneme vajíčko a potřeme jím listové těsto.
f) Pečte 20–25 minut, nebo dokud těsto není zlatohnědé.

50. Brie En Croûte

SLOŽENÍ:
- 1 kolečko sýra Brie (asi 8 uncí)
- 1 list listového těsta, rozmražené
- 2-3 lžíce ovocných zavařenin (dobře fungují meruňky, fíky nebo maliny)
- 1 vejce (na mytí vajec)
- Krekry nebo nakrájená bageta (k podávání)

INSTRUKCE:
a) Předehřejte troubu na 400 °F (200 °C).
b) Listové těsto rozválejte na lehce pomoučeném povrchu a ujistěte se, že je dostatečně velké, aby se Brie úplně obalilo.
c) Umístěte kolečko Brie do středu listového těsta.
d) Na vrch Brie rozprostřete ovocné zavařeniny. Můžete použít zadní část lžíce, abyste ji jemně rovnoměrně rozprostřeli.
e) Přeložte listové těsto přes Brie tak, aby bylo zcela uzavřeno. Okraje přitiskněte k sobě.
f) Rozklepneme vajíčko a potřeme jím celý povrch listového těsta. Tím získá při pečení krásnou zlatavou barvu.
g) Zabalené Brie položte na plech vyložený pečicím papírem.
h) Pečte v předehřáté troubě 20–25 minut nebo dokud není listové těsto zlatavě hnědé a křupavé.
i) Dovolte Brie En Croûte před podáváním na několik minut vychladnout.
j) Podáváme s krekry nebo nakrájenou bagetou. Pro větší sladkost můžete také pokapat další ovocné konzervy.
k) Vychutnejte si mazlavou, rozplývavou dobrotu Brie zabalenou do listového těsta!
l) Tato Brie En Croûte je elegantní a dav potěšující předkrm pro různé příležitosti.

51. Rustikální paštika en Croûte

SLOŽENÍ:
PRO PÂTÉ:
- 1 lb vepřové plece, jemně mleté
- 1/2 lb kuřecích jater, nakrájených
- 1/2 šálku slaniny, jemně nakrájené
- 1 malá cibule, nakrájená nadrobno
- 2 stroužky česneku, mleté
- 1 lžička sušeného tymiánu
- 1 lžička sušeného rozmarýnu
- 1/2 šálku brandy
- Sůl a černý pepř podle chuti
- 1 vejce (na mytí vajec)

PRO KŮRU:
- 2 pláty listového těsta, rozmražené
- dijonská hořčice

INSTRUKCE:
PRO PÂTÉ:
a) Předehřejte troubu na 375 °F (190 °C).
b) Na pánvi orestujte slaninu, dokud nezačne křupat. Přidejte cibuli a česnek a vařte do změknutí.
c) Do pánve přidejte mleté vepřové maso, kuřecí játra, tymián, rozmarýn, sůl a černý pepř. Vařte, dokud maso nezhnědne.
d) Zalijte brandy a nechte pár minut povařit, dokud se většina tekutiny neodpaří. Nechte směs vychladnout.

PRO KŮRU:
e) Na lehce pomoučené ploše rozválejte jeden plát listového těsta.
f) Pečivo potřete tenkou vrstvou dijonské hořčice.
g) Vychladlou paštikovou směs položte na střed těsta.
h) Vyválejte druhý plát listového těsta a položte ho na směs paštiky.
i) Okraje těsta utěsněte a ujistěte se, že tam nejsou žádné otvory.
j) Rozklepněte vejce a potřete jím celý povrch těsta, aby byl zlatý.
k) Pomocí nože vytvořte na pečivu ozdobné vzory.
l) Umístěte paštiku en Kroužky na plechu vyloženém pečicím papírem.

m) Pečte v předehřáté troubě 35-40 minut, nebo dokud těsto není zlatohnědé.
n) Dovolte Rustikální paštiku en Před krájením croûte chvíli vychladnout.
o) Podávejte rustikální paštiku en Croûte s cornichons, dijonskou hořčicí a křupavým chlebem jako lahodný předkrm. Užijte si bohaté a pikantní chutě!

52. Filet de Boeuf en Croûte

SLOŽENÍ:
NA HOVĚZÍ:
- 2 libry hovězí svíčkové
- Sůl a černý pepř podle chuti
- 2 lžíce olivového oleje
- dijonská hořčice

PRO HOUBOVÉ DUXELLES:
- 2 šálky žampionů, jemně nakrájené
- 2 lžíce másla
- 2 stroužky česneku, mleté
- Sůl a černý pepř podle chuti
- 2 lžíce lístků čerstvého tymiánu

PRO MONTÁŽ:
- Listové těsto listy
- Plátky prosciutta
- 1 vejce (na mytí vajec)

INSTRUKCE:
NA HOVĚZÍ:
a) Předehřejte troubu na 400 °F (200 °C).
b) Hovězí svíčkovou ochutíme solí a černým pepřem.
c) V pánvi rozehřejte olivový olej na středně vysokou teplotu. Hovězí svíčkovou opečeme ze všech stran dohněda. Dejte stranou vychladnout.
d) Po vychladnutí potřeme hovězí maso dijonskou hořčicí.

PRO HOUBOVÉ DUXELLES:
e) Ve stejné pánvi rozpustíme máslo na středním plameni. Přidejte nasekaný česnek a restujte, dokud nebude voňavý.
f) Do pánve přidejte nakrájené houby a vařte, dokud nepustí vlhkost.
g) Dochuťte solí a černým pepřem. Vmícháme čerstvý tymián a vaříme, dokud se směs dobře nespojí. Nechte vychladnout.

PRO MONTÁŽ:
h) Na čistém povrchu vyválejte listové těsto.
i) Na listové těsto navrstvíme plátky prosciutta, mírně se překrývají.
j) Na prosciutto rozetřete tenkou vrstvu houbových duxelles.
k) Na duxelles položte dijonskou kartáčovanou hovězí svíčkovou.

l) Listové těsto převalte přes hovězí maso a duxelles , okraje utěsněte. V případě potřeby můžete nahoře vytvořit mřížkový vzor.
m) Rozklepněte vejce a potřete jím listové těsto pro zlatavou povrchovou úpravu.
n) Vložte zabalený Filet de Boeuf en Nakrájejte na plech a pečte 25– 30 minut, nebo dokud těsto nezezlátne.
o) Povolte Filet de Boeuf en Croûte před krájením několik minut odpočívat. Podávejte s redukcí z červeného vína nebo oblíbenou omáčkou. Užijte si tento francouzsky inspirovaný hovězí Wellington!

53. Kachní paštika en Croûte

SLOŽENÍ:
NA NÁPLŇ KACHY:
- 1 lb kachního masa, jemně mletého
- 1/2 lb vepřové plece, jemně mleté
- 1/2 šálku kachních jater, jemně nakrájených
- 1 malá cibule, nakrájená nadrobno
- 2 stroužky česneku, mleté
- 2 lžíce brandy
- 1 lžička sušeného tymiánu
- 1 lžička sušeného rozmarýnu
- Sůl a černý pepř podle chuti

PRO KŮRU:
- 2 pláty listového těsta, rozmražené
- 1 vejce (na mytí vajec)

INSTRUKCE:
NA NÁPLŇ KACHY:
a) Předehřejte troubu na 375 °F (190 °C).
b) Ve velké míse smíchejte mletou kachnu, mleté vepřové maso, nakrájená kachní játra, nakrájenou cibuli, mletý česnek, brandy, sušený tymián, sušený rozmarýn, sůl a černý pepř. Dobře promíchejte, dokud nebudou všechny ingredience rovnoměrně rozděleny.
c) Na pánvi uvařte malé množství směsi podle chuti na dochucení. V případě potřeby upravte sůl a pepř.

PRO KŮRU:
d) Na lehce pomoučené ploše rozválejte jeden plát listového těsta. Toto bude základ.
e) Polovinu kachní směsi položte na vyválené listové těsto a podél středu ho vytvarujte do tvaru polena.
f) Vyválejte druhý plát listového těsta a položte ho na kachní směs, okraje utěsněte. V případě potřeby ořízněte přebytečné pečivo.
g) Vejce rozklepneme a potřeme jím celý povrch listového těsta pro zlatavý finiš.
h) Pomocí nože vytvořte na pečivu ozdobné vzory.

i) Umístěte kachní paštiku en Kroužky na plechu vyloženém pečicím papírem.
j) Pečte v předehřáté troubě 35–40 minut, nebo dokud těsto nezíská zlatohnědou barvu a vnitřní teplota nedosáhne alespoň 160 °F (71 °C).
k) Povolte kachní paštiku en Před krájením croûte chvíli vychladnout.
l) Podávejte kachní paštiku en Croûte s křupavým chlebem, dijonskou hořčicí a kyselou okurkou jako elegantní předkrm nebo součást uzeniny. Užijte si bohaté a pikantní chutě tohoto klasického francouzského jídla!

54. Kuře en Croûte se salámem, švýcarským a modrým sýrem

SLOŽENÍ:
NA KUŘECÍ NÁPLŇ:
- 4 kuřecí prsa bez kostí a kůže
- Sůl a černý pepř podle chuti
- 2 šálky čerstvého špenátu, nakrájeného
- 1/2 šálku pikantního salámu, nakrájeného na tenké plátky
- 1/2 šálku švýcarského sýra, nastrouhaného
- 1/4 šálku modrého sýra, rozdrobený
- 2 stroužky česneku, mleté
- 2 lžíce olivového oleje

NA LISTOVÉ TĚSTO:
- 2 pláty listového těsta, rozmražené
- dijonská hořčice

PRO MONTÁŽ:
- 1 vejce (na mytí vajec)

INSTRUKCE:
NA KUŘECÍ NÁPLŇ:
a) Předehřejte troubu na 400 °F (200 °C).
b) Kuřecí prsa ochutíme solí a černým pepřem.
c) V pánvi rozehřejte olivový olej na středně vysokou teplotu. Smažte mletý česnek, dokud nebude voňavý.
d) Do pánve přidejte nakrájený špenát a vařte do zvadnutí. Odstraňte z ohně a nechte vychladnout.
e) Položte kuřecí prsa a pomocí paličky na maso je mírně zploštěte.
f) Každé kuřecí prso potřeme dijonskou hořčicí.
g) Na každé kuřecí prso rovnoměrně rozdělte restovaný špenát, pikantní salám, švýcarský sýr a modrý sýr.
h) Každé kuřecí prso srolujte, abyste obalili náplň. V případě potřeby zajistěte párátky.

NA LISTOVÉ TĚSTO:
i) Na lehce pomoučené ploše rozválejte jeden plát listového těsta.
j) Podél středu listového těsta položte srolovaná kuřecí prsa.
k) Vyválejte druhý plát listového těsta a položte jej na kuře, okraje utěsněte. V případě potřeby ořízněte přebytečné pečivo.

l) Vejce rozklepneme a potřeme jím celý povrch listového těsta pro zlatavý finiš.
m) Pomocí nože vytvořte na pečivu ozdobné vzory.
n) Umístěte kuře en Kroužky na plechu vyloženém pečicím papírem.
o) Pečte v předehřáté troubě 25–30 minut, nebo dokud těsto nezíská zlatohnědou barvu a vnitřní teplota kuřete nedosáhne 165 °F (74 °C).
p) Povolte kuře en Croûte před krájením několik minut odpočívat.

55.Vzduchová fritéza Salmon en Croûte

SLOŽENÍ:
PRO LOSOSA:
- 4 filety z lososa
- Sůl a černý pepř podle chuti
- 1 lžíce dijonské hořčice
- 1 lžíce olivového oleje
- Citrónová kůra

NA LISTOVÉ TĚSTO:
- 2 pláty listového těsta, rozmražené
- Mouka na posypání
- 1 vejce (na mytí vajec)

INSTRUKCE:
PRO LOSOSA:
a) Předehřejte si fritézu na 375 °F (190 °C).
b) Filety lososa ochutíme solí, černým pepřem a kapkou olivového oleje.
c) Každý filet lososa potřete tenkou vrstvou dijonské hořčice.
d) Lososa potřeného hořčicí posypeme citronovou kůrou.

NA LISTOVÉ TĚSTO:
e) Na lehce pomoučené ploše vyválejte pláty listového těsta.
f) Každý plát nakrájejte na velikost dostatečně velkou, abyste zabalili jeden filet lososa.
g) Do středu každého kousku listového těsta položte filet z lososa.
h) Listové těsto přehneme na lososa a okraje zalepíme. V případě potřeby ořízněte přebytečné pečivo.
i) Vejce rozklepneme a potřeme jím celý povrch listového těsta pro zlatavý finiš.
j) Zabalené filety lososa opatrně přesuňte do koše vzduchové fritézy.
k) Smažte na vzduchu při 375 °F (190 °C) po dobu 15–20 minut nebo dokud není listové těsto dozlatova a losos propečený.
l) Dovolte vzduchové fritéze Losos en Croûte před podáváním několik minut odpočívat.

56.Nepálský pstruh duhový en Croûte

SLOŽENÍ:
PRO Pstruhy:
- 4 filety pstruha duhového
- Sůl a černý pepř podle chuti
- 1 lžíce rostlinného oleje
- 1 lžička mletého kmínu
- 1 lžička mletého koriandru
- 1 lžička kurkuma
- 1 lžička garam masala
- 1 lžička chilli (upravte podle chuti)
- Šťáva z 1 limetky

NA LISTOVÉ TĚSTO:
- 2 pláty listového těsta, rozmražené
- Mouka na posypání
- 1 vejce (na mytí vajec)

K NÁPLNĚ:
- 1 šálek vařené rýže basmati
- 1/2 šálku hrášku, vařené
- 1/2 šálku nasekaného koriandru
- 1/2 šálku nasekané máty
- 1/4 šálku opečených kešu ořechů, nakrájených
- Sůl a černý pepř podle chuti

INSTRUKCE:
PRO Pstruhy:
a) Předehřejte troubu na 400 °F (200 °C).
b) Filety pstruha osušíme papírovou utěrkou a dochutíme solí a černým pepřem.
c) V malé misce smíchejte mletý kmín, mletý koriandr, kurkumu, garam masalu, chilli prášek a limetkovou šťávu, abyste vytvořili kořenící pastu.
d) Každý filet ze pstruha potřete kořenicí pastou z obou stran.
e) Zahřejte rostlinný olej v pánvi na středně vysokou teplotu. Filety ze pstruha opékejte 1–2 minuty z každé strany, jen aby zhnědly. Odstraňte z tepla.

K NÁPLNĚ:
f) V misce smíchejte uvařenou rýži basmati, hrášek, nasekaný koriandr, nasekanou mátu a opečené kešu. Dochuťte solí a černým pepřem. Dobře promíchejte.

NA LISTOVÉ TĚSTO:
g) Na lehce pomoučené ploše vyválejte pláty listového těsta.
h) Do středu každého kousku listového těsta dejte část rýže a bylinkové náplně.
i) Na rýžovou náplň položte orestovaný filet ze pstruha.
j) Listové těsto přehneme přes pstruha, okraje zalepíme. V případě potřeby ořízněte přebytečné pečivo.
k) Vejce rozklepneme a potřeme jím celý povrch listového těsta pro zlatavý finiš.

PEČENÍ:
l) Zabalené pstruhy opatrně přendejte na plech vyložený pečicím papírem.
m) Pečte v předehřáté troubě 20-25 minut nebo dokud není listové těsto zlatavě hnědé.
n) Dovolte nepálského pstruha duhového en Croûte před podáváním několik minut odpočívat.

57. Granátové jablko Brie en Croûte

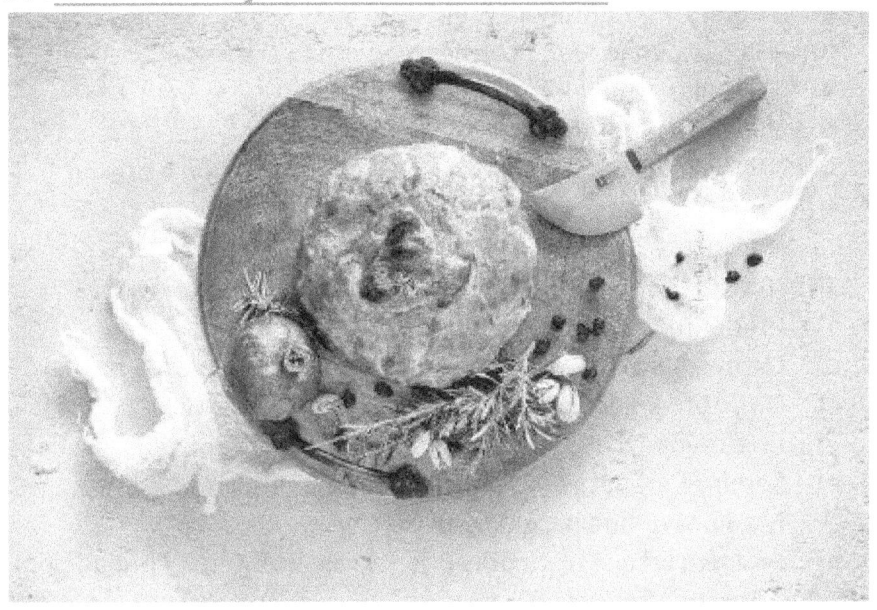

SLOŽENÍ:
- 1 kolečko sýra Brie (asi 8 uncí)
- 1 list listového těsta, rozmražené
- 1/2 šálku semínek granátového jablka
- 1/4 šálku medu
- 1/4 šálku nasekaných pekanových nebo vlašských ořechů
- 1 vejce (na mytí vajec)

INSTRUKCE:
a) Předehřejte troubu na 400 °F (200 °C).
b) Listové těsto rozválejte na lehce pomoučené ploše.
c) Umístěte kolečko Brie do středu listového těsta.
d) Brie rovnoměrně posypte semínky granátového jablka.
e) Semínka granátového jablka pokapejte medem.
f) Med posypeme nasekanými ořechy.
g) Přeložte listové těsto přes Brie, okraje utěsněte. V případě potřeby ořízněte přebytečné pečivo.
h) Vejce rozklepneme a potřeme jím celý povrch listového těsta pro zlatavý finiš.
i) Pomocí nože vytvořte na pečivu ozdobné vzory.
j) Opatrně přeneste granátové jablko Brie en Nakrájejte na plech vyložený pečicím papírem.
k) Pečte v předehřáté troubě 20-25 minut nebo dokud není listové těsto zlatavě hnědé.
l) Dovolte granátové jablko Brie en Croûte před podáváním několik minut odpočívat.

58. Halibut en Croûte s estragonovým citronovým krémem

SLOŽENÍ:
PRO HALIBUTA:
- 4 filety z halibuta (každý 6 uncí)
- Sůl a černý pepř podle chuti
- 1 lžíce olivového oleje
- 1 lžíce dijonské hořčice
- 1 lžíce čerstvé citronové šťávy

NA LISTOVÉ TĚSTO:
- 2 pláty listového těsta, rozmražené
- Mouka na posypání
- 1 vejce (na mytí vajec)

NA ETARAGONOVÝ CITRÓNOVÝ KRÉM:
- 1 šálek husté smetany
- Kůra z 1 citronu
- 1 lžíce čerstvé citronové šťávy
- 2 lžíce čerstvého estragonu, nasekaného
- Sůl a černý pepř podle chuti

INSTRUKCE:
PRO HALIBUTA:
a) Předehřejte troubu na 400 °F (200 °C).
b) Filety halibuta ochutíme solí a černým pepřem.
c) V malé misce smíchejte olivový olej, dijonskou hořčici a čerstvou citronovou šťávu.
d) Filety halibuta potřeme směsí hořčice a citronu.

NA LISTOVÉ TĚSTO:
e) Na lehce pomoučené ploše vyválejte pláty listového těsta.
f) Do středu každého kousku listového těsta položte filet z halibuta.
g) Vyválejte druhý plát listového těsta a položte jej na filety halibuta, okraje utěsněte. V případě potřeby ořízněte přebytečné pečivo.
h) Vejce rozklepneme a potřeme jím celý povrch listového těsta pro zlatavý finiš.

PEČENÍ:
i) Zabalené halibuty opatrně přendejte na plech vyložený pečicím papírem.

j) Pečte v předehřáté troubě 20–25 minut, nebo dokud není listové těsto zlatavě hnědé a halibut propečený.

NA ETARAGONOVÝ CITRÓNOVÝ KRÉM:

k) V hrnci zahřejte na středním plameni hustou smetanu.

l) Přidejte citronovou kůru, citronovou šťávu, nasekaný estragon, sůl a černý pepř. Dobře promíchejte.

m) Smetanovou směs vařte několik minut, dokud mírně nezhoustne.

SHROMÁŽDĚNÍ:

n) Jakmile Halibut en Croûte je upečený, necháme pár minut odpočinout.

o) Naservírujte halibuta na talíři pokapaného estragonovým citronovým krémem.

p) V případě potřeby ozdobte dalším čerstvým estragonem.

59. Ocean Trout Coulibiac en Croûte

SLOŽENÍ:
PRO Pstruha mořského:
- 4 filety z mořského pstruha (asi 6 uncí každý)
- Sůl a černý pepř podle chuti
- Citronová šťáva na marinování

NA RÝŽOVOU NÁPLŇ:
- 1 šálek jasmínové rýže, vařené
- 1 malá cibule, nakrájená nadrobno
- 2 lžíce másla
- 1 šálek žampionů, jemně nakrájených
- 1/2 šálku špenátu, nakrájeného
- 1 lžíce čerstvého kopru, nasekaného
- Sůl a černý pepř podle chuti

PRO MONTÁŽ:
- 2 pláty listového těsta, rozmražené
- Mouka na posypání
- Dijonská hořčice na kartáčování
- 1 vejce (na mytí vajec)

INSTRUKCE:
PRO Pstruha mořského:
a) Filety mořského pstruha ochutíme solí, černým pepřem a citronovou šťávou. Nechte je marinovat alespoň 15 minut.

NA RÝŽOVOU NÁPLŇ:
b) Na pánvi orestujte na másle nakrájenou cibuli do změknutí.
c) Do pánve přidejte nakrájené houby a vařte, dokud nepustí vlhkost.
d) Vmíchejte uvařenou jasmínovou rýži, nasekaný špenát a čerstvý kopr. Dochuťte solí a černým pepřem. Vařte, dokud se směs dobře nespojí . Nechte vychladnout.

PRO MONTÁŽ:
e) Předehřejte troubu na 400 °F (200 °C).
f) Na lehce pomoučené ploše vyválejte pláty listového těsta.
g) Jeden plát položíme na plech vyložený pečicím papírem.
h) Listové těsto potřeme dijonskou hořčicí.
i) Polovinu rýžové náplně rozetřeme na listové těsto.
j) Na rýžovou náplň položte marinované filety z mořského pstruha.

k) Pstruhy zakryjte zbylou rýžovou náplní.
l) Vyválejte druhý plát listového těsta a položte jej na náplň, okraje utěsněte. V případě potřeby ořízněte přebytečné pečivo.
m) Vejce rozklepneme a potřeme jím celý povrch listového těsta pro zlatavý finiš.
n) Pomocí nože vytvořte na pečivu ozdobné vzory.
o) Pečte v předehřáté troubě 25–30 minut nebo dokud není listové těsto zlatavě hnědé.
p) Povolit Ocean Trout Coulibiac en Croûte před krájením několik minut odpočívat.

60. Mango kuře En Croûte

SLOŽENÍ:
- 4 kuřecí prsa
- Sůl a černý pepř podle chuti
- 1 šálek nakrájeného manga
- 1/2 hrnku strouhaného kokosu
- 1/4 šálku nasekaného koriandru
- 1 lžíce kari
- 2 pláty listového těsta, rozmražené
- 1 vejce (na mytí vajec)

INSTRUKCE:
a) Kuřecí prsa ochutíme solí, černým pepřem a kari. Opečte je dozlatova.
b) Smíchejte na kostičky nakrájené mango, strouhaný kokos a nasekaný koriandr.
c) Kuře položíme na listové těsto, poklademe mangovou směsí a zabalíme.
d) Pečeme dozlatova.

61. Caprese En Croûte

SLOŽENÍ:
- 4 velká rajčata, nakrájená na plátky
- 8 uncí čerstvé mozzarelly, nakrájené na plátky
- Listy čerstvé bazalky
- Sůl a černý pepř podle chuti
- 2 pláty listového těsta, rozmražené
- Balzamiková glazura na pokapání
- 1 vejce (na mytí vajec)

INSTRUKCE:
a) Na listové těsto navrstvíme plátky rajčat, čerstvou mozzarellu a lístky bazalky.
b) Dochuťte solí a černým pepřem. Těsto přeložíme přes vrstvy, uzavřeme a pečeme dozlatova. Před podáváním pokapeme balzamikovou polevou.

62. Pesto Krevety En Croûte

SLOŽENÍ:
- 1 libra velkých krevet, oloupaných a zbavených žilek
- 1/2 šálku pesto omáčky
- Kůra z 1 citronu
- 2 pláty listového těsta, rozmražené
- Citronové aioli na namáčení
- 1 vejce (na mytí vajec)

INSTRUKCE:
a) Smíchejte krevety s pestem a citronovou kůrou. Položte krevety na listové těsto, přeložte a uzavřete.
b) Pečeme dozlatova. Podávejte s citronovým aioli na namáčení.

63. Ořešák dýně a šalvěj En Croûte

SLOŽENÍ:
- 1 malá máslová dýně, oloupaná a nakrájená na kostičky
- Čerstvé listy šalvěje
- Sůl a černý pepř podle chuti
- 2 lžíce javorového sirupu
- 2 pláty listového těsta, rozmražené
- 1 vejce (na mytí vajec)

INSTRUKCE:
a) Opečte máslovou dýni se šalvějí, solí a černým pepřem. Směs dejte na listové těsto, přiklopte a uzavřete.
b) Pečeme dozlatova. Před podáváním pokapeme javorovým sirupem.

64. Fíkový a kozí sýr En Croûte

SLOŽENÍ:
- 1 kolečko kozího sýra
- 1/2 šálku fíkové marmelády
- 1/4 šálku nasekaných vlašských ořechů
- 2 pláty listového těsta, rozmražené
- Balsamico redukce na mrholení
- 1 vejce (na mytí vajec)

INSTRUKCE:
a) Listové těsto potřeme fíkovou marmeládou, doprostřed položíme kozí sýr, posypeme nasekanými vlašskými ořechy a zabalíme.
b) Pečeme dozlatova. Před podáváním pokapejte balzamikovou redukcí.

65. Houbový a lanýžový olej En Croûte

SLOŽENÍ:
- 2 šálky různých hub, jemně nasekaných
- 2 lžíce lanýžového oleje
- 1/4 šálku strouhaného parmazánu
- 2 pláty listového těsta, rozmražené
- 1 vejce (na mytí vajec)

INSTRUKCE:
a) Na lanýžovém oleji podusíme houby do měkka. Smícháme se strouhaným parmazánem.
b) Položte na listové těsto, přeložte a uzavřete. Pečeme dozlatova.

66.Sladké brambory a feta En Croûte

SLOŽENÍ:
- 2 šálky sladkých brambor, rozmačkané
- 1/2 šálku rozdrobeného sýra feta
- 1 lžíce nasekaného čerstvého rozmarýnu
- 2 pláty listového těsta, rozmražené
- Med na podlévání
- 1 vejce (na mytí vajec)

INSTRUKCE:
a) Smíchejte šťouchané batáty s fetou a rozmarýnem. Položte na listové těsto, přeložte a uzavřete.
b) Pečeme dozlatova. Před podáváním pokapejte medem.

67. Chřest zabalený v prosciuttu En Croûte

SLOŽENÍ:
- 1 svazek chřestu, blanšírovaný
- Prosciutto nakrájené na tenké plátky
- Kůra z 1 citronu
- 2 pláty listového těsta, rozmražené
- 1 vejce (na mytí vajec)

INSTRUKCE:
a) Špíčky chřestu obalíme prosciuttem. Položte na listové těsto, přeložte a uzavřete.
b) Pečeme dozlatova. Před podáváním posypte citronovou kůrou.

ŠTRUDELKY

68. Dušený vepřový závin s omáčkou ze zelených jablek

SLOŽENÍ:
- 4 lžíce sádla
- 2 libry vepřové plec, nakrájené na 1/8-palcové kostky a ochucené solí a pepřem
- 2 mrkve, nakrájené na 1/4-palcové kostky
- 1 španělská cibule, nakrájená na 1-palcové kostky
- 4 červené maďarské papriky, nakrájené na 1/4-palcové kostky
- 2 lžíce papriky
- 7 uncí Speck, nakrájené na 1/4-palcové kostky
- 1/4 lžíce mletého hřebíčku
- 1/4 lžičky skořice
- 2 šálky červeného vína
- 1 recept štrúdl (viz základní recept)
- 2 žloutky, rozšlehané
- 1 Recept na omáčku ze zelených jablek

INSTRUKCE:
a) V kastrolu se silným dnem rozehřejte sádlo, dokud se neudí. Přidejte kousky vepřového masa, 5 nebo 6 najednou, a vařte dozlatova. Vyjmeme a přidáme mrkev, cibuli, papriku, papriku, špízu, hřebíček, skořici a vaříme do změknutí asi 8 až 10 minut.
b) Přidejte víno a přiveďte k varu. Vložte opečené vepřové maso zpět do kastrolu, vraťte do varu, poté snižte teplotu a vařte 1½ hodiny, dokud maso není velmi měkké. Dochutíme solí a pepřem a necháme 4 hodiny odležet v lednici.
c) Předehřejte troubu na 375 F. Rozválejte závinové těsto do obdélníku 10 x 14 palců. Doprostřed dejte studený guláš a srolujte jako štrúdl.
d) Nakrájené kousky těsta si uschovejte na ozdobu závinu designem nebo jménem někoho blízkého. Potřete rozšlehanými žloutky, položte na plech a pečte 50 až 60 minut, dokud nebudou zlatohnědé a uvnitř horké.
e) Závin necháme 10 minut odležet a podáváme s omáčkou ze zelených jablek .

69. Kuřecí a andouillské záviny

SLOŽENÍ:
- 1 lžíce rostlinného oleje
- 4 unce Andouille klobásy, nakrájené na 1-palcové kostky
- 1/2 šálku nakrájené cibule
- 1 lžíce nasekaného česneku
- Sůl a kajenský pepř, podle chuti
- 1/4 šálku vody
- 1 šálek sladké BBQ omáčky
- 1 lžíce nasekané petrželky
- 3 lžíce strouhaného sýra Parmigiano-Reggiano
- 4 pláty phyllo těsta

INSTRUKCE:
a) Předehřejte troubu na 375 stupňů F.
b) V pánvi na středním plameni přidejte olej. Kuře okořeníme esenci. Když je olej rozpálený, přidejte kuře a za stálého míchání restujte asi 2 až 3 minuty.
c) Přidejte andouille a restujte další 2 minuty. Přidejte cibuli a česnek, restujte 5 minut. Dochuťte solí a kajenským pepřem.
d) Přidejte vodu, 1/2 šálku BBQ omáčky, petrželku a sýr. Vařte 1 minutu. Sundejte z ohně a vmíchejte strouhanku. Nechte směs úplně vychladnout.
e) Čtyři pláty fylo těsta naskládejte na sebe a všechny rozkrájejte na třetiny, čímž vznikne 12 plátů. Rozdělte listy na čtyři hromádky po 3 listech, přičemž fylo přikryjte vlhkým ručníkem, aby se zabránilo vysychání.
f) Lehce potřete horní část každého stohu rostlinným olejem. Umístěte 1/4 šálku kuřecí směsi na spodní okraj každého svazku phyllo.
g) Sklopte dvě strany phyllo směrem ke středu asi 1/4 palce. Začněte u dna a bezpečně srolujte phyllo a zatlačte na každou vrstvu, aby se uzavřela. Každý závin lehce potřete olejem.
h) Plech vyložte pečícím papírem. Záviny položte na papír asi 2 palce od sebe a pečte 15 minut nebo dozlatova.
i) Vyndejte z trouby, každý závin rozkrojte šikmo napůl a každý podávejte se zbylou BBQ omáčkou a strouhaným sýrem.

70. Langustový závin se dvěma omáčkami

SLOŽENÍ:
- 1 lžíce sezamového oleje
- 1 Žlutá cibule, julienned
- 1 červená paprika, julienned
- 1 žlutá paprika, julienned
- 1 zelená paprika, julienned
- 1 svazek zelené cibule, nakrájené na plátky
- 6 uncí Bok choy, julienned
- 4 unce Konzervované bambusové výhonky
- 2 unce hub Shiitake, nakrájené na plátky
- 2 mrkve, julienned
- 1 libra langusty ocasy
- 2 lžíce omáčky Hoisin
- 3 lžíce sójové omáčky
- 2 lžíce čerstvého zázvoru
- 2 stroužky česneku, mleté
- 1/2 lžičky kajenského pepře
- 1/4 lžičky mletého černého pepře
- 1/4 lžičky růžového pepře
- Sůl podle chuti
- 1 libra rozpuštěného másla
- 1 libra těsta Filo

INSTRUKCE:
a) Ve velkém těžkém hrnci rozehřejte sezamový olej. Přidejte červenou, žlutou a zelenou papriku a restujte do změknutí.

b) Přidejte zelenou cibulku, bok choy, bambusové výhonky, houby shiitake a mrkev. Pokračujte v restování, dokud zelenina nezměkne.

c) Přidejte langusty, omáčku hoisin, sójovou omáčku, čerstvý zázvor, mletý česnek, kajenský pepř, drcený černý pepř, růžový pepř a sůl podle chuti. Vařte, dokud není směs al dente. Scedíme a vychladíme v cedníku.

d) Předehřejte troubu na 350 stupňů F. Rozpusťte máslo a položte pláty filo na pracovní plochu. Mezi pláty potřeme rozpuštěným máslem (celkem 7 plátů).

e) Umístěte směs langust na spodní konec plátů filo. Pevně svineme a potřeme rozpuštěným máslem.
f) Pečte v předehřáté troubě, dokud nebude filo těsto zlatavě hnědé.
g) Připravte dvě omáčky a položte je na každou stranu talíře. Na vrch omáček podávejte langusty.
h) Množství zázvoru upravte podle chuťových preferencí.

71. Vydatný lososový závin s koprem

SLOŽENÍ:
- 1 libra Filet z lososa, 1 palec tlustý, zbavený kůže
- Sprej na vaření s máslovou příchutí
- 1/4 lžičky Sůl
- 1/4 lžičky česnekového prášku
- 1/4 lžičky čerstvě mletého pepře
- 1 1/4 šálku Červené brambory, nakrájené na kostky
- 3/4 šálku odpařeného odstředěného mléka
- 1/2 pórku nakrájeného na tenké plátky
- 2 lžičky vody
- 1/2 lžičky kukuřičného škrobu
- 1 lžička sušeného kopru
- 3 lžíce strouhaného parmazánu
- 8 plátů phyllo těsta

INSTRUKCE:

a) Filet z lososa položte na brojlerovou pánev potaženou sprejem na vaření. Posypte solí, pepřem a česnekovým práškem. Grilujte, dokud se ryby snadno neloupou. Nakrájejte na malé kousky a dejte stranou.
b) Předehřejte troubu na 350 °F.
c) V malém hrnci smíchejte brambory, mléko a pórek. Přivést k varu. Přikryjte, snižte teplotu a vařte 10 minut nebo dokud brambory nezměknou.
d) V malé misce smíchejte vodu a kukuřičný škrob. Přidejte k bramborové směsi. Přidejte kousky lososa, sušený kopr a parmazán. Jemně promíchejte a odstavte.
e) Umístěte jeden list phyllo na pracovní plochu (zakryjte, aby nevyschla). Lehce postříkejte sprejem na vaření. Nahoru naskládejte další list a nastříkejte; opakujte se všemi listy phyllo.
f) Naneste bramborovou směs podél dlouhého okraje a nechte 2-palcový okraj. Přehněte krátké okraje phyllo, abyste zakryli konce bramborové směsi. Začněte na dlouhém okraji (s okrajem) a srolujte způsobem želé. Nerolujte příliš těsně.
g) Závin položte švem dolů na želé postříkanou sprejem na vaření. Závin lehce postříkejte sprejem na vaření.
h) Pečte 30 minut nebo dozlatova.
i) Podávejte a vychutnejte si tento vydatný lososový závin s koprem.

72. Závin z jehněčího masa a sušených rajčat

SLOŽENÍ:
- 12 listů 17 x 12 palců phyllo těsta
- 1 1/2 šálku vroucí vody
- 1/2 šálku sušených rajčat (nebalených v oleji), asi 2 unce
- 1/2 libry žampionů, nakrájených na tenké plátky
- 3/4 šálku Kalamaty nebo jiných černých oliv naložených v solném roztoku nebo vypeckovaných zralých černých oliv, nakrájené na tenké plátky
- 1 lžíce olivového oleje
- 1 libra mletého jehněčího
- 1 lžička Sušený rozmarýn, rozdrobený
- 1 lžička Sušená bazalka, rozdrobená
- 1/2 čajové lžičky Sušené vločky horké červené papriky
- 1 1/2 šálku rozdrobené fety, asi 8 uncí
- 1/2 šálku strouhané mozzarelly, asi 3 unce
- Asi 5 lžic olivového oleje (na potření)
- Sůl a pepř na dochucení

INSTRUKCE:
a) Zakryjte stoh phyllo listů 2 překrývajícími se listy plastové fólie a poté vlhkou kuchyňskou utěrkou.

b) Připravte náplň: V malé misce zalijte rajčata vroucí vodou a nechte 5 minut namočit. Dobře sceďte a nakrájejte na tenké plátky.

c) Ve velké těžké pánvi rozehřejte olivový olej na středně vysoké teplotě, dokud nebude horký, ale nekouří. Houby orestujte se solí a pepřem podle chuti a míchejte, dokud se tekutina, kterou vydávají, neodpaří. Přeneste houby do velké mísy.

d) Přidejte na pánev mleté jehněčí maso a vařte, míchejte a rozbíjejte hrudky, až přestane být růžové. Jehněčí maso přendejte do mísy s houbami a vylijte tuk.

e) vmíchejte rajčata, olivy, rozmarýn , bazalku a vločky červené papriky. Chladíme 10 minut. Vmícháme fetu, mozzarellu a podle chuti osolíme a opepříme.

f) Předehřejte troubu na 425 °F a lehce vymažte velký mělký pekáč.

g) Naskládejte phyllo mezi 2 listy voskového papíru a přikryjte suchou kuchyňskou utěrkou. Na pracovní plochu položte dva 20palcové listy voskového papíru s dlouhými stranami, které se mírně překrývají a směřují k vám. Na voskový papír položte 1 list phyllo a lehce potřete olejem. Stejným způsobem navrstvěte a potřete 5 dalších plátků phyllo. (Naolejovaný svazek phyllo by měl mít tloušťku 6 listů.)

h) Polovinu náplně rozprostřete na pás o šířce 3 palce a připevněte jej na klín 4 palce nad blízkou dlouhou stranou, přičemž na každém konci ponechejte 2palcový okraj.

i) Pomocí voskového papíru jako vodítka zvedněte spodní 4 palce těsta nad náplní, přeložte konce a pevně srolujte závin. Závin opatrně přeneseme švem dolů do pekáče a lehce potřeme olejem. Stejným způsobem udělejte další závin se zbylými ingrediencemi.

j) Záviny pečte uprostřed trouby 25 minut, nebo dozlatova. Záviny ochlaďte, aby se prohřály na pánvi na mřížce.

k) Nakrájejte štrúdly na 1-palcové plátky zubatým nožem a podávejte plátky teplé.

l) Vychutnejte si tento chutný závin z jehněčího masa a sušených rajčat!

73. Marocký zeleninový závin

SLOŽENÍ:
- 1 cibule, nakrájená na plátky
- 2 hlavy česneku, nakrájené
- 2 mrkve, nakrájené na plátky
- 1 Červená paprika, nakrájená na kousky
- 1 Sladký brambor, oloupaný a nakrájený
- 1 Celer, oloupaný a nakrájený
- 2 švestková rajčata, nakrájená na 8 měsíčků
- 1/4 šálku olivového oleje (50 ml)
- 2 lžičky soli (10 ml)
- 2 šálky vařeného kuskusu, rýže nebo pšeničných bobulí (500 ml)
- 1 lžíce čerstvého tymiánu (15 ml)
- 2 lžíce vody (25 ml)
- 1/2 šálku strouhanky (125 ml)
- 6 uncí kozího sýra, rozdrobeného (volitelně) (175 g)
- 1/4 šálku nasekané čerstvé bazalky (50 ml)
- 10 listů filového těsta
- 1/3 šálku nesoleného másla, rozpuštěného (nebo olivového oleje) (75 ml)

INSTRUKCE:
a) Zeleninu rozložte na plech vyložený pečicím papírem. Pokapejte olivovým olejem a posypte solí a tymiánem. Pečte v troubě vyhřáté na 210 °C po dobu 50 až 60 minut nebo dokud zelenina nezměkne.
b) Vytlačte česnek ze skořápky a smíchejte se zeleninou, vařeným obilím, kozím sýrem (pokud používáte) a bazalkou.
c) Položte dva listy phyllo odděleně na utěrky. Zakryjte zbývající phyllo plastovým obalem.
d) Plátky phyllo potřeme rozpuštěným máslem (smíchaným s vodou) a posypeme strouhankou. Opakujte se zbývajícím phyllo, vytvořte dvě hromádky po 5 listech.
e) Položte zeleninovou směs po jedné dlouhé straně phyllo a srolujte.
f) Jemně přeneste na plech. Udělejte šikmé řezy přes horní vrstvu těsta. Pečte při 400 °F/200 °C 30 až 40 minut, dokud dobře nezhnědnou.

CHARMOULA OMÁČKA:

g) Smíchejte 1 stroužek nasekaného česneku s 1 lžičkou (5 ml) každého mletého kmínu a papriky a 1/2 lžičky (2 ml) kajenského pepře.

h) Vmíchejte 1/2 šálku (125 ml) majonézy nebo jogurtového sýra nebo jejich kombinace. Přidejte 1 polévkovou lžíci (15 ml) citronové šťávy a 2 polévkové lžíce (25 ml) nasekaného čerstvého koriandru.

i) Marocký zeleninový závin podávejte s omáčkou Charmoula . Užívat si!

74. Závin z uzeného lososa a brie

SLOŽENÍ:
- 1/2 šálku sušené mleté hořčice
- 1/2 šálku bílého krystalového cukru
- 1/4 šálku rýžového vinného octa
- 1/4 šálku připravené žluté hořčice
- 1 lžíce sezamového oleje
- 2 lžíce sójové omáčky
- 1 1/2 lžičky papriky
- 1/4 lžičky kajenského pepře
- 3 pláty filového těsta
- 1/4 šálku rozpuštěného másla
- 1/4 šálku nasekaných čerstvých jemných bylinek
- 1 kolečko sýra Brie (8 oz)
- 1/2 libry nakrájeného uzeného lososa
- 1 bageta, nakrájená na 1/2-palcové kousky a lehce opečená

INSTRUKCE:
a) Předehřejte troubu na 400 stupňů.
b) V míse prošlehejte sušenou mletou hořčici, cukr, rýžový vinný ocet, žlutou hořčici, sezamový olej, sójovou omáčku, papriku a kajenský pepř. Směs dejte stranou.
c) Položte tři kusy phyllo těsta na rovný povrch. Konce těsta potřeme rozpuštěným máslem.
d) Do středu fylo těsta rozetřeme část hořčičné směsi. Kolečko hořčičné směsi posypeme nasekanými bylinkami.
e) Lososa osolíme a opepříme. Kolečko Brie obalte nakrájeným lososem tak, aby se plátky navzájem překrývaly. Sýr zabalte jako balíček.
f) Umístěte Brie zabalené v lososu do středu kruhu hořčice/bylinky. Přehněte dva konce phyllo těsta směrem ke středu. Přehněte zbývající konce a vytvořte balíček. Zcela utěsněte.
g) Těsto vyklopte na plech vyložený pečicím papírem se složenými okraji na horní straně pečícího papíru.
h) Těsto lehce potřeme zbylým rozpuštěným máslem.
i) Vložte pánev do trouby a pečte dozlatova, asi 10 až 12 minut.
j) Vyjměte z trouby a před krájením mírně vychladněte. Podáváme na croutes se zbylou hořčičnou omáčkou.
k) Vychutnejte si lahodný závin z uzeného lososa a brie!

75.Uzený pstruh a grilovaný jablečný závin

SLOŽENÍ:
- 2 jablka Granny Smith, zbavená jádřinců a nakrájená na 1/2" kroužky
- 1 lžíce olivového oleje
- Sůl a pepř na dochucení
- 1/2 libry Uzený pstruh, nakrájený na malé kousky
- 2 lžíce šalotky, mleté
- 1/4 šálku smetanového sýra, pokojová teplota
- 2 lžíce pažitky, jemně nasekané
- 5 plátů Fyllo těsta
- 1/2 šálku másla, rozpuštěného

INSTRUKCE:
a) Předehřejte gril. Předehřejte troubu na 400 stupňů.
b) Jablka pokapejte olivovým olejem a dochuťte solí a pepřem. Položte na gril a opékejte 2 minuty z každé strany. Sundejte z grilu a jablka nakrájejte na malé kostičky.
c) V míse smíchejte na kostičky nakrájená jablka, uzeného pstruha a mletou šalotku. Směs spojte smetanovým sýrem. Vmícháme pažitku. Dochuťte solí a pepřem.
d) Každý plát phyllo potřete rozpuštěným máslem. Potřete 1/3 phyllo jablečno-pstruží náplní.
e) Koncem náplně směrem k sobě závin srolujte jako roládu . Položte na plech vyložený pečicím papírem a potřete zbylým máslem.
f) Pečte 15 minut nebo dokud není závin zlatavě hnědý.
g) Nakrájejte závin na plátky a uložte na talíř. Ozdobte pažitkou a esenci.
h) Užijte si lahodný uzený pstruh a grilovaný jablečný závin!

76. Závin z divokých hub

SLOŽENÍ:
- 1 lžíce olivového oleje
- 1 malá žlutá cibule, nakrájená
- 2 šalotky, nakrájené
- 3 stroužky česneku, nasekané
- 1 šálek červeného vína
- 4 šálky Nakrájené lesní houby
- 1/2 šálku čerstvě nastrouhaného parmazánu
- 1/3 šálku měkkého, jemného kozího sýra nebo sýra ricotta
- 1/4 šálku opečené nekořeněné strouhanky
- 2 lžičky nasekané čerstvé bazalky
- 1 lžička nasekaného čerstvého rozmarýnu
- 1/2 lžičky mletého černého pepře
- Sůl, podle chuti
- 4 pláty Fyllo těsta
- 4 lžíce nesoleného másla, rozpuštěného
- Pečená červená paprika a bazalková omáčka

INSTRUKCE:
a) Předehřejte troubu na 350 stupňů. Plech vyložte pečícím papírem.
b) K přípravě náplně rozehřejte olivový olej ve velké pánvi na vysokou teplotu, dokud nebude velmi horký. Přidejte cibuli, šalotku a česnek a restujte, dokud nebude voňavá, asi 1 minutu.
c) Přidejte červené víno a snižte na polovinu, asi 4 minuty. Přidejte houby a vařte, dokud nebudou měkké a většina tekutiny se zredukuje, 4 až 5 minut. Odstraňte z ohně a nechte náplň mírně vychladnout. Náplň přendejte do velké mísy a nechte úplně vychladnout.
d) Vmícháme parmazán a kozí sýry. Přidejte strouhanku, bazalku, rozmarýn a černý pepř. Dobře promícháme, dochutíme solí a dáme stranou.
e) Na čistou a suchou pracovní plochu položte 2 pláty fylo těsta a vrchní plát bohatě potřete rozpuštěným máslem. Navrch položte další 2 pláty phyllo a opět potřete vrchní plát máslem.
f) Lžící naneste náplň do středu těsta, rozetřete ji tak, aby vytvořila obdélník, ponechte 2-palcový okraj. Přehněte jeden z krátkých

konců těsta asi 1 palec přes náplň. Přehněte jeden z dlouhých konců přes asi 1 palec náplně a jemně srolujte do polena.
g) Položte závin, švem dolů, na připravený plech a podél horní části vyřízněte otvory hluboké 1/4 palce.
h) Pečte v troubě 25 až 30 minut, nebo dozlatova.
i) Vyjměte z trouby a nechte vychladnout na pánvi. Zubatým nožem rozkrájejte závin na 8 kusů.
j) Podávejte teplé s pečenou červenou paprikou a bazalkovou omáčkou na boku.

77. Játrový závin

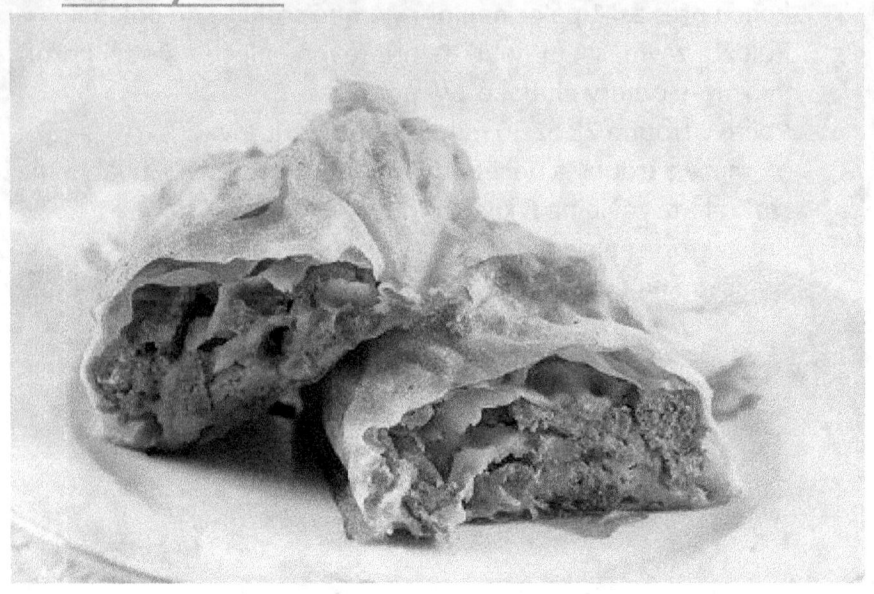

SLOŽENÍ:
KŮRA:
- 1 1/4 šálku prosévané mouky
- 1/2 lžičky Sůl
- 1/3 šálku Tuk
- 3 lžíce vody (cca)

PLNICÍ:
- 2 cibule, nasekané
- 3 lžíce tuku
- 1/2 libry hovězích jater, nakrájených na plátky
- 4 Vejce natvrdo
- 1/2 lžičky Sůl
- 1 vejce, rozšlehané
- Špetka soli

INSTRUKCE:
PRO KŮRU:
a) Mouku a sůl prosejeme dohromady.
b) Zkrácejte, dokud směs nebude jako hrubý písek.
c) Po troškách přidávejte vodu, dokud vše nezvlhne a kousky nepřilnou.

K NÁPLNĚ:
d) Na tuku osmahneme cibuli do světle žluté barvy.
e) Přidejte játra a opékejte 4 minuty z každé strany.
f) Vložte cibuli, játra a vejce do sekáčku.
g) Smíchejte se zbývajícím tukem, který zbyl v pánvi, a přidejte sůl a pepř.

SHROMÁŽDĚNÍ:
h) Těsto rozdělte na třetiny a vyválejte velmi tenké proužky, každý o rozměrech 4 x 12 palců.
i) Doprostřed každého proužku položte tyčinku játrové směsi.
j) Převálejte přes něj polovinu těsta; potřeme rozšlehaným vejcem a přikryjeme druhou stranou těsta.
k) Vše potřeme rozšlehaným vejcem a konce zalepíme.
l) Položte na plechy a pečte v troubě vyhřáté na 400 °F po dobu 20 minut.
m) Mírně ochlaďte a nakrájejte na 1/2-palcové plátky.

78. Masový závin

SLOŽENÍ:
K NÁPLNĚ:
- 1 lb mletého hovězího masa nebo směsi hovězího a vepřového masa
- 1 cibule, nakrájená nadrobno
- 2 stroužky česneku, mleté
- 1 šálek žampionů, jemně nakrájených
- 1 šálek špenátu, nakrájeného
- 1/4 šálku strouhanky
- 1/4 šálku hovězího nebo zeleninového vývaru
- 1 lžička sušeného tymiánu
- Sůl a černý pepř podle chuti

NA ŠTRUDELOVÉ TĚSTO:
- 2 hrnky univerzální mouky
- 1/2 šálku teplé vody
- 1/4 šálku rostlinného oleje
- Špetka soli

PRO MONTÁŽ:
- 1/2 šálku rozpuštěného másla (na potření)
- Sezamová semínka nebo mák (volitelně, na polevu)

INSTRUKCE:
K NÁPLNĚ:
a) Na pánvi orestujte na středním plameni mleté maso. V případě potřeby slijte přebytečný tuk.
b) Do pánve přidejte nakrájenou cibuli a česnek. Smažte, dokud cibule nezprůhlední.
c) Vmícháme nakrájené houby a vaříme, dokud nepustí vlhkost.
d) Přidejte nakrájený špenát, strouhanku, hovězí nebo zeleninový vývar, sušený tymián, sůl a černý pepř. Vařte, dokud se směs dobře nespojí a přebytečná tekutina se neodpaří. Odstraňte z ohně a nechte vychladnout.

NA ŠTRUDELOVÉ TĚSTO:
e) V míse smíchejte mouku a sůl. Uprostřed udělejte důlek a přidejte teplou vodu a rostlinný olej.

f) Míchejte, dokud nevznikne těsto. Těsto hněteme na pomoučené ploše, dokud nebude hladké a pružné.
g) Těsto necháme asi 30 minut odpočinout přikryté vlhkou utěrkou.

SHROMÁŽDĚNÍ:
h) Předehřejte troubu na 375 °F (190 °C).
i) Těsto rozválejte na pomoučené ploše na velký obdélník.
j) Umístěte vychladlou masovou náplň podél jednoho okraje obdélníku a ponechte kolem okrajů trochu místa.
k) Těsto převalujte přes náplň, zasunujte ho po stranách, abyste vytvořili tvar polena.
l) Svinutý závin položíme na plech vyložený pečicím papírem.
m) Závin potřeme rozpuštěným máslem. Navrch případně posypte sezamovými semínky nebo mákem.
n) Pečte v předehřáté troubě 25–30 minut, nebo dokud není závin zlatavě hnědý a propečený.
o) Před krájením nechte Masový závin mírně vychladnout.
p) Masový závin podávejte teplý a vychutnejte si slanou náplň zabalenou ve vločkové zlaté krustě!

79. Lilek-rajčatový závin

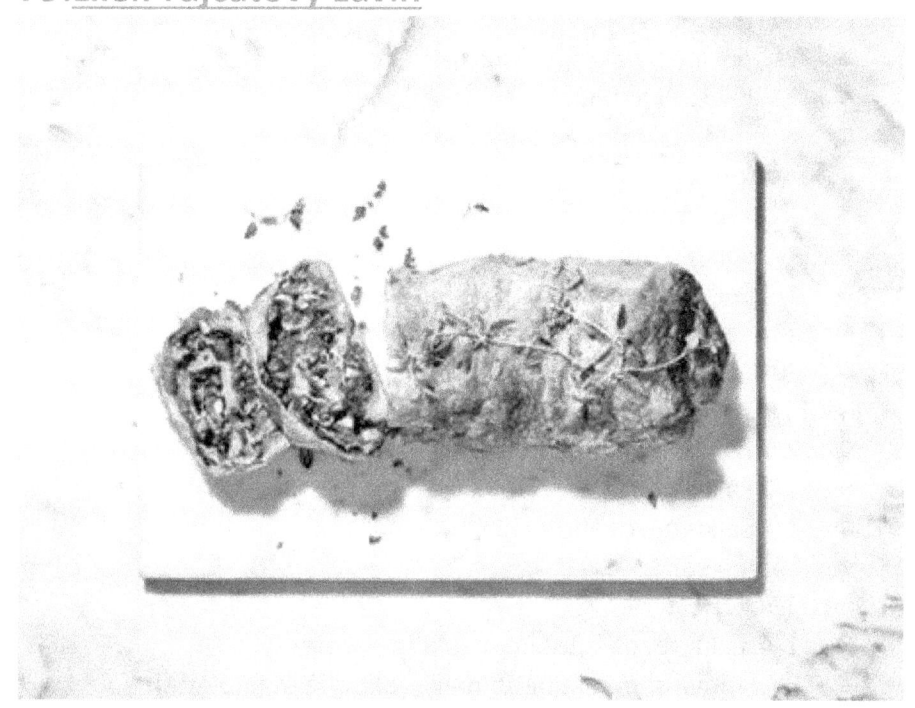

SLOŽENÍ:
K NÁPLNĚ:
- 1 velký lilek, nakrájený na kostičky
- 1 šálek cherry rajčat, napůl
- 1 cibule, nakrájená nadrobno
- 2 stroužky česneku, mleté
- 1 červená paprika, nakrájená na kostičky
- 1/2 šálku rozdrobeného sýra feta
- 1/4 šálku nasekané čerstvé bazalky
- 2 lžíce olivového oleje
- Sůl a černý pepř podle chuti

NA ŠTRUDELOVÉ TĚSTO:
- 2 hrnky univerzální mouky
- 1/2 šálku teplé vody
- 1/4 šálku olivového oleje
- Špetka soli

PRO MONTÁŽ:
- 1/4 šálku rozpuštěného másla (na potření)
- Sezamová semínka nebo mák (volitelně, na polevu)

INSTRUKCE:
K NÁPLNĚ:
a) Předehřejte troubu na 375 °F (190 °C).
b) Nakrájený lilek dejte na plech, pokapejte olivovým olejem a pečte v předehřáté troubě asi 15–20 minut nebo do změknutí. Vyndejte z trouby a nechte vychladnout.
c) Na pánvi orestujte na olivovém oleji nakrájenou cibuli a česnek do změknutí.
d) Do pánve přidejte na kostičky nakrájenou červenou papriku a vařte několik minut, dokud mírně nezměkne.
e) V misce smíchejte pečený lilek, směs restované cibule, cherry rajčata, rozdrobenou fetu a nasekanou bazalku. Dochuťte solí a černým pepřem. Dobře promíchejte.

NA ŠTRUDELOVÉ TĚSTO:
f) V míse smíchejte mouku a sůl. Uprostřed udělejte důlek a přidejte teplou vodu a olivový olej.

g) Míchejte, dokud nevznikne těsto. Těsto hněteme na pomoučené ploše, dokud nebude hladké a pružné.
h) Těsto necháme asi 30 minut odpočinout přikryté vlhkou utěrkou.

SHROMÁŽDĚNÍ:
i) Předehřejte troubu na 375 °F (190 °C).
j) Těsto rozválejte na pomoučené ploše na velký obdélník.
k) Připravenou náplň položte podél jednoho okraje obdélníku a ponechte kolem okrajů trochu místa.
l) Těsto převalujte přes náplň, zasunujte ho po stranách, abyste vytvořili tvar polena.
m) Svinutý závin položíme na plech vyložený pečicím papírem.
n) Závin potřeme rozpuštěným máslem. Navrch případně posypte sezamovými semínky nebo mákem.
o) Pečte v předehřáté troubě 25–30 minut, nebo dokud není závin zlatavě hnědý a propečený.
p) Před krájením nechte lilkovo-rajčatový závin mírně vychladnout.
q) Podávejte teplý lilkovo-rajčatový závin a vychutnejte si lahodnou kombinaci pečeného lilku, šťavnatých rajčat a slané fety zabalené ve vločkovém těstě!

80. Cuketový závin s mletým masem

SLOŽENÍ:
K NÁPLNĚ:
- 1 lb mletého hovězího masa nebo směsi hovězího a vepřového masa
- 2 střední cukety, nastrouhané
- 1 cibule, nakrájená nadrobno
- 2 stroužky česneku, mleté
- 1/2 šálku strouhanky
- 1/4 šálku mléka
- 1 lžička sušeného oregana
- Sůl a černý pepř podle chuti
- Olivový olej na restování

NA ŠTRUDELOVÉ TĚSTO:
- 2 hrnky univerzální mouky
- 1/2 šálku teplé vody
- 1/4 šálku rostlinného oleje
- Špetka soli

PRO MONTÁŽ:
- 1/4 šálku rozpuštěného másla (na potření)
- Sezamová semínka nebo mák (volitelně, na polevu)

INSTRUKCE:
K NÁPLNĚ:
a) Předehřejte troubu na 375 °F (190 °C).
b) Na pánvi orestujte na olivovém oleji nakrájenou cibuli a prolisovaný česnek do změknutí.
c) Do pánve přidejte mleté maso a vařte do zhnědnutí. V případě potřeby slijte přebytečný tuk.
d) V misce smíchejte nastrouhanou cuketu, strouhanku, mléko, sušené oregano, sůl a černý pepř. Dobře promíchejte.
e) Cuketovou směs přidáme na pánev s uvařeným masem. Vařte několik minut, dokud cuketa nezměkne. Odstraňte z ohně a nechte vychladnout.

NA ŠTRUDELOVÉ TĚSTO:
f) V míse smíchejte mouku a sůl. Uprostřed udělejte důlek a přidejte teplou vodu a rostlinný olej.

g) Míchejte, dokud nevznikne těsto. Těsto hněteme na pomoučené ploše, dokud nebude hladké a pružné.
h) Těsto necháme asi 30 minut odpočinout přikryté vlhkou utěrkou.

SHROMÁŽDĚNÍ:

i) Předehřejte troubu na 375 °F (190 °C).
j) Těsto rozválejte na pomoučené ploše na velký obdélník.
k) Podél jednoho okraje obdélníku položte vychladlou cuketu a masovou náplň, kolem okrajů ponechte trochu místa.
l) Těsto převalujte přes náplň, zasunujte ho po stranách, abyste vytvořili tvar polena.
m) Svinutý závin položíme na plech vyložený pečicím papírem.
n) Závin potřeme rozpuštěným máslem. Navrch případně posypte sezamovými semínky nebo mákem.
o) Pečte v předehřáté troubě 25–30 minut, nebo dokud není závin zlatavě hnědý a propečený.
p) Před krájením nechte Cuketový závin s mletým masem mírně vychladnout.
q) Cuketový závin podávejte teplý a vychutnejte si chutnou kombinaci cukety, mletého masa a aromatických bylinek zabalených v křupavé zlaté krustě!

81. Hovězí a brokolicový závin

SLOŽENÍ:

K NÁPLNĚ:
- 1 lb hovězí svíčkové, nakrájené na tenké plátky
- 2 šálky růžičky brokolice, blanšírované
- 1 cibule, nakrájená na tenké plátky
- 2 stroužky česneku, mleté
- 1/4 šálku sójové omáčky
- 2 lžíce ústřicové omáčky
- 1 lžíce hoisin omáčky
- 1 lžička sezamového oleje
- 1 lžíce rostlinného oleje
- Sůl a černý pepř podle chuti

NA ŠTRUDELOVÉ TĚSTO:
- 2 hrnky univerzální mouky
- 1/2 šálku teplé vody
- 1/4 šálku rostlinného oleje
- Špetka soli

PRO MONTÁŽ:
- 1/4 šálku rozpuštěného másla (na potření)
- Sezamová semínka (volitelně, na polevu)

INSTRUKCE:

K NÁPLNĚ:
a) Předehřejte troubu na 375 °F (190 °C).
b) V pánvi zahřejte rostlinný olej na středně vysokou teplotu. Přidejte nakrájené hovězí maso a vařte do zhnědnutí. Vyjměte z pánve a dejte stranou.
c) Do stejné pánve v případě potřeby přidejte ještě trochu oleje. Orestujte nakrájenou cibuli a nasekaný česnek do změknutí.
d) Do pánve přidejte blanšírované růžičky brokolice a za stálého míchání pár minut smažte.
e) Vařené hovězí maso vraťte do pánve. Přidejte sójovou omáčku, ústřicovou omáčku, omáčku hoisin, sezamový olej, sůl a černý pepř. Vařte, dokud se směs dobře nespojí a neprohřeje. Odstraňte z ohně a nechte vychladnout.

NA ŠTRUDELOVÉ TĚSTO:

f) V míse smíchejte mouku a sůl. Uprostřed udělejte důlek a přidejte teplou vodu a rostlinný olej.
g) Míchejte, dokud nevznikne těsto. Těsto hněteme na pomoučené ploše, dokud nebude hladké a pružné.
h) Těsto necháme asi 30 minut odpočinout přikryté vlhkou utěrkou.

SHROMÁŽDĚNÍ:
i) Předehřejte troubu na 375 °F (190 °C).
j) Těsto rozválejte na pomoučené ploše na velký obdélník.
k) Umístěte vychladlou hovězí a brokolicovou náplň podél jednoho okraje obdélníku, ponechte kolem okrajů trochu místa.
l) Těsto převalujte přes náplň, zasunujte ho po stranách, abyste vytvořili tvar polena.
m) Svinutý závin položíme na plech vyložený pečicím papírem.
n) Závin potřeme rozpuštěným máslem. Navrch případně posypte sezamovými semínky.
o) Pečte v předehřáté troubě 25–30 minut, nebo dokud není závin zlatavě hnědý a propečený.
p) Hovězí a brokolicový závin nechte před krájením mírně vychladnout.

82. Klobásy a houbové záviny

SLOŽENÍ:
K NÁPLNĚ:
- 1 lb klobásy (italská, snídaně nebo dle vašeho výběru), střeva odstraněna
- 2 šálky žampionů, jemně nakrájené
- 1 cibule, nakrájená nadrobno
- 2 stroužky česneku, mleté
- 1/2 šálku strouhanky
- 1/4 šálku strouhaného parmazánu
- 1 lžíce čerstvých lístků tymiánu
- Sůl a černý pepř podle chuti
- Olivový olej na restování

NA ŠTRUDELOVÉ TĚSTO:
- 2 hrnky univerzální mouky
- 1/2 šálku teplé vody
- 1/4 šálku rostlinného oleje
- Špetka soli

PRO MONTÁŽ:
- 1/4 šálku rozpuštěného másla (na potření)
- Sezamová semínka nebo mák (volitelně, na polevu)

INSTRUKCE:
K NÁPLNĚ:
a) Předehřejte troubu na 375 °F (190 °C).
b) V pánvi rozehřejte olivový olej na středně vysokou teplotu. Přidejte nakrájenou cibuli a nasekaný česnek. Dusíme do změknutí.
c) Do pánve přidejte klobásu, nalámejte ji lžící a vařte, dokud nezhnědne. V případě potřeby slijte přebytečný tuk.
d) Do pánve přidejte nakrájené houby a vařte, dokud nepustí vlhkost.
e) Vmícháme strouhanku, nastrouhaný parmazán, čerstvý tymián, sůl a černý pepř. Vařte, dokud se směs dobře nespojí. Odstraňte z ohně a nechte vychladnout.

NA ŠTRUDELOVÉ TĚSTO:
f) V míse smíchejte mouku a sůl. Uprostřed udělejte důlek a přidejte teplou vodu a rostlinný olej.

g) Míchejte, dokud nevznikne těsto. Těsto hněteme na pomoučené ploše, dokud nebude hladké a pružné.
h) Těsto necháme asi 30 minut odpočinout přikryté vlhkou utěrkou.

SHROMÁŽDĚNÍ:
i) Předehřejte troubu na 375 °F (190 °C).
j) Těsto rozválejte na pomoučené ploše na velký obdélník.
k) Umístěte vychladlou klobásovou a houbovou náplň podél jednoho okraje obdélníku, ponechte kolem okrajů trochu místa.
l) Těsto převalujte přes náplň, zasunujte ho po stranách, abyste vytvořili tvar polena.
m) Svinutý závin položíme na plech vyložený pečicím papírem.
n) Závin potřeme rozpuštěným máslem. Navrch případně posypte sezamovými semínky nebo mákem.
o) Pečte v předehřáté troubě 25–30 minut, nebo dokud není závin zlatavě hnědý a propečený.
p) Klobásový a houbový závin nechte před krájením mírně vychladnout.

83. Závin z hub a cukety

SLOŽENÍ:
K NÁPLNĚ:
- 2 šálky hub, nakrájené na tenké plátky
- 2 střední cukety (cuketa), nastrouhané
- 1 cibule, nakrájená nadrobno
- 2 stroužky česneku, mleté
- 1/2 šálku sýra ricotta
- 1/4 šálku strouhaného parmazánu
- 2 lžíce čerstvé petrželky, nasekané
- 1 lžíce olivového oleje
- Sůl a černý pepř podle chuti

NA ŠTRUDELOVÉ TĚSTO:
- 2 hrnky univerzální mouky
- 1/2 šálku teplé vody
- 1/4 šálku olivového oleje
- Špetka soli

PRO MONTÁŽ:
- 1/4 šálku rozpuštěného másla (na potření)
- Sezamová semínka nebo mák (volitelně, na polevu)

INSTRUKCE:
K NÁPLNĚ:
a) Předehřejte troubu na 375 °F (190 °C).
b) V pánvi rozehřejte olivový olej na středně vysokou teplotu. Přidejte nakrájenou cibuli a nasekaný česnek. Dusíme do změknutí.
c) Do pánve přidáme nakrájené houby a vaříme, dokud nepustí vlhkost.
d) Vmícháme nastrouhané cukety (cukety) a několik minut vaříme, dokud nezměknou. V případě potřeby odstraňte přebytečnou vlhkost.
e) V misce smíchejte směs restovaných hub a cukety se sýrem ricotta, strouhaným parmazánem, nasekanou petrželkou, solí a černým pepřem. Dobře promíchejte. Náplň necháme vychladnout.

NA ŠTRUDELOVÉ TĚSTO:
f) V míse smíchejte mouku a sůl. Uprostřed udělejte důlek a přidejte teplou vodu a olivový olej.
g) Míchejte, dokud nevznikne těsto. Těsto hněteme na pomoučené ploše, dokud nebude hladké a pružné.
h) Těsto necháme asi 30 minut odpočinout přikryté vlhkou utěrkou.

SHROMÁŽDĚNÍ:
i) Předehřejte troubu na 375 °F (190 °C).
j) Těsto rozválejte na pomoučené ploše na velký obdélník.
k) Umístěte vychladlou houbovou a cuketovou náplň podél jednoho okraje obdélníku, ponechte kolem okrajů trochu místa.
l) Těsto převalujte přes náplň, zasunujte ho po stranách, abyste vytvořili tvar polena.
m) Svinutý závin položíme na plech vyložený pečicím papírem.
n) Závin potřeme rozpuštěným máslem. Navrch případně posypte sezamovými semínky nebo mákem.
o) Pečte v předehřáté troubě 25–30 minut, nebo dokud není závin zlatavě hnědý a propečený.
p) nechte závin s houbami a cuketou mírně vychladnout.

84. Houbový závin

SLOŽENÍ:
- 2 šalotky, nakrájené
- ½ šálku bílého vína
- 8 uncí crimini , nakrájené na plátky
- 8 uncí shiitake, nakrájené na plátky
- 1 ½ šálku husté smetany
- ½ lžičky tymiánu, čerstvého
- Sůl a černý pepř podle chuti
- 1 vejce, rozšlehané
- 12 čtverců z listového těsta o průměru 4 palce

INSTRUKCE:
a) Houby a šalotku vaříme ve víně, dokud se víno neodpaří. Přidejte smetanu, tymián a sůl a pepř.
b) Snížíme na polovinu a necháme pár hodin nebo dokud krém neztuhne. Lžící 1 kulatou lžičku houbové směsi dáme do těsta, přiklopíme a potřeme rozšlehaným vejcem.
c) Pečte v troubě asi 8-12 minut nebo dozlatova. Zbylou houbovou směs prohřejeme a podáváme se závinem.

VÍCE UZAVŘENÝCH NÁDOBÍ

85. Svíčkové croustades se sýrem a houbovou náplní

SLOŽENÍ:
PRO KROUSTÁDY:
- 1 bageta, nakrájená na 1/2-palcová kolečka
- Olivový olej na kartáčování
- Sůl a černý pepř podle chuti

PRO HOVĚZÍ SVÍČKU:
- 1 lb hovězí svíčkové, jemně nakrájené
- 2 lžíce olivového oleje
- 2 stroužky česneku, mleté
- 1 lžička sušeného tymiánu
- Sůl a černý pepř podle chuti

DO NÁPLNĚ Z HOUB A KOZÍHO SÝRU:
- 2 šálky žampionů, jemně nakrájené
- 2 lžíce másla
- 1 malá cibule, nakrájená nadrobno
- 2 stroužky česneku, mleté
- 4 unce kozího sýra
- Sůl a černý pepř podle chuti
- Čerstvá petrželka, nasekaná (na ozdobu)

INSTRUKCE:
PRO KROUSTÁDY:
a) Předehřejte troubu na 375 °F (190 °C).
b) Plátky bagety položte na plech. Každý plátek potřete olivovým olejem a posypte solí a černým pepřem.
c) Pečte v předehřáté troubě 8–10 minut, nebo dokud nejsou plátky zlatavě hnědé a křupavé. Dát stranou.

PRO HOVĚZÍ SVÍČKU:
d) V pánvi rozehřejte olivový olej na středně vysokou teplotu. Přidejte nasekaný česnek a restujte, dokud nebude voňavý.
e) Do pánve přidejte najemno nakrájenou hovězí svíčkovou. Dochutíme sušeným tymiánem, solí a černým pepřem.
f) Vařte, dokud hovězí maso ze všech stran nezhnědne . Sundejte z plotny a dejte stranou.

DO NÁPLNĚ Z HOUB A KOZÍHO SÝRU:
g) Ve stejné pánvi rozpustíme máslo na středním plameni. Přidáme nakrájenou cibuli a restujeme do změknutí.
h) Do pánve přidejte nakrájené houby a nasekaný česnek. Vaříme, dokud houby nepustí vlhkost.
i) Dochuťte solí a černým pepřem. Vmícháme kozí sýr a vaříme, dokud se směs dobře nespojí . Odstraňte z tepla.

SHROMÁŽDĚNÍ:
j) Do každé croustade vmíchejte malé množství houbové a kozí sýrové náplně.
k) Na každou croustade navršte porci restované hovězí svíčkové.
l) Ozdobte nasekanou čerstvou petrželkou.

86. Whisky Sausage Rolls

SLOŽENÍ:
- 1 lb snídaňové klobásy
- 1/4 šálku whisky
- 1/4 šálku strouhanky
- 1/4 šálku nasekané petrželky
- 1 lžička česnekového prášku
- Sůl a pepř na dochucení
- 1 list listového těsta, rozmražené

INSTRUKCE:
a) Předehřejte troubu na 400 °F (200 °C).
b) V míse smíchejte snídaňový párek, whisky, strouhanku, petržel, česnekový prášek, sůl a pepř.
c) Plát listového těsta rozválíme na pomoučené ploše a nakrájíme na 8 stejných obdélníků.
d) Klobásovou směs rozdělte na 8 porcí a každou vytvarujte do tvaru klobásy.
e) Každou klobásu položte na obdélník z listového těsta a srolujte, okraje utěsněte.
f) Klobásy položte na plech a pečte 20–25 minut, nebo dokud nejsou zlatavě hnědé a propečené.
g) Podávejte horké.

87. Mango a Klobása Větrníky

SLOŽENÍ:
- 500 g mleté klobásy
- 36 listů baby špenátu
- 185 g mango chilli chutney
- 1 malá cibule nakrájená na drobno
- 1 lžička marockého koření volitelná
- 1 špetka soli a pepře
- 3 pláty listového těsta
- 1 lžíce mléka

INSTRUKCE:

a) Smíchejte cibuli, mangové chutney, mletou klobásu, sůl, pepř a marocké koření ve střední misce.

b) Rozprostřete na pláty pečiva a na vzdálenějším konci nechte malou mezeru.

c) Maso přikryjeme vrstvou lístků baby špenátu.

d) Srolujte těsto od nejbližšího okraje. Přejeďte štětcem namočeným v mléce podél vzdáleného okraje, aby se pečivo uzavřelo do tvaru dlouhé klobásy.

e) Nakrájejte na 12 plátků a kousky položte na vymazaný plech.

f) Pečte při 180 °C 12-15 minut, dokud nezezlátnou.

88. Větrníky z tuňákového listového těsta

SLOŽENÍ:
- 1 list listového těsta
- 2 lžičky extra panenského olivového oleje
- 1 středně hnědá/žlutá cibule, nakrájená nadrobno
- 6,5 unce konzervovaného tuňáka v oleji, dobře okapané
- ⅓ šálku nastrouhaného sýra čedar
- 3 lžíce plocholisté petrželky, nasekané nadrobno
- 1 lžička citronové kůry
- ¼ lžičky kajenského pepře
- mořská sůl a čerstvě mletý černý pepř

INSTRUKCE:
a) Předehřejte si troubu na 200 stupňů C.
b) Připravte si plech s pečícím papírem.
c) Vyjměte listové těsto z mrazáku a rozmrazte.
d) Rozmrazené pečivo vraťte do lednice, aby zůstalo vychlazené.
e) Cibuli nakrájejte nadrobno a smažte na olivovém oleji asi 8-10 minut, nebo dokud lehce nezkaramelizuje. Dejte stranou vychladnout.
f) Sceďte plechovku tuňáka a přidejte do středně velké mísy. Rozmačkejte, abyste rozdrtili velké kusy.
g) Uvařenou cibuli a zbývající ingredience přidejte k tuňákovi a dobře promíchejte, aby se spojily.
h) Zkontrolujte, zda je koření podle vaší chuti, v případě potřeby přidejte více soli, pepře nebo citronové kůry.
i) Naplňte pečivo směsí z tuňáka. Směs rovnoměrně rozprostřete a nezapomeňte ponechat malou mezeru kolem okraje těsta.
j) Zadní stranou lžíce nebo gumové stěrky zatlačte na směs, aby se zhutnila.
k) Pomalu začněte válet těsto od konce, který je vám nejblíže. Převalujte se vpřed, přiměřeně pevně, držte jej co nejtěsněji, dokud nedojdete na konec kotouče.
l) Listové těsto vraťte na cca 15 minut do lednice, aby ztuhlo.
m) Zoubkovaným nožem ořízněte konce a vyhoďte.
n) Poté stejným nožem nakrájejte větrník o tloušťce přibližně 1,5 cm (½ palce).
o) Umístěte své větrníky na plech na pečení. Pokud trochu směsi vypadne, jen ji jemně zatlačte zpět.
p) Pečte 15–20 minut, nebo do zlatohnědé a pečivo propečené.
q) Podávejte teplé z trouby nebo nechte vychladnout na pokojovou teplotu.

89. Malá Prasátka V Houpací Síti

SLOŽENÍ:
- 1 balení (17,3 unce) mraženého listového těsta, rozmražené
- 3 lžíce malinového džemu bez pecek
- 1 lžíce dijonské hořčice
- 1 kolo (8 uncí) sýr Camembert
- 18 miniaturních uzených klobás
- 1 velké vejce
- 1 lžíce vody

INSTRUKCE:
a) Předehřejte troubu na 425 ° F. Rozložte listové těsto a z každého těsta vykrájejte 9 čtverců. Každý čtverec diagonálně rozřízněte, abyste vytvořili dva trojúhelníky.

b) Smíchejte hořčici a džem v malé misce, dobře promíchejte. Směs rozprostřete na trojúhelníky. Sýr nakrájejte příčně na polovinu; pak každou polovinu nakrájejte na devět klínků.

c) Na každý cukrářský trojúhelník položte plátek sýra a klobásu. Okraje pečiva přetáhněte přes klobásu a sýr a utěsněte přitlačením okrajů k sobě.

d) Těsto rozložíme na plech vyložený pečicím papírem. V malé misce rozšlehejte vodu a vejce a těsto potřete směsí na rozmývání vajec.

e) Pečte dozlatova, 15 až 17 minut.

90. Rohlíky z listového těsta

SLOŽENÍ:
- 1 list listového těsta, rozmražené
- 4 články klobás, odstraněná střívka
- 1 vejce, rozšlehané

INSTRUKCE:
a) Předehřejte troubu na 400 °F (200 °C).
b) Na lehce pomoučeném povrchu rozválejte listové těsto na tloušťku asi 1/4 palce.
c) Uzeninu rozdělte na 4 stejné porce a z každé vytvarujte poleno.
d) Každé poleno klobásy položte na listové těsto a listové těsto srolujte kolem polena klobásy, okraje k sobě přitiskněte, aby se utěsnily.
e) 5. Každou rolku klobásy nakrájejte na 4 stejné kusy.
f) Rohlíky klobásy položte na plech vyložený pečicím papírem.
g) Každý váleček klobásy potřeme rozšlehaným vejcem.
h) Pečte 20–25 minut, dokud nezezlátne a klobása není propečená .
i) Podávejte teplé.

91.Bylinkový hovězí guláš s listovým těstem

SLOŽENÍ:

- 1 libra hovězího dušeného masa, nakrájeného na 1-palcové kostky
- 1 lžíce řepkového oleje
- 3 střední mrkve, nakrájené na 1-palcové kousky
- 1 až 2 střední červené brambory, nakrájené na 1-palcové kousky
- 1 šálek nakrájeného celeru (1/2-palcové kousky)
- 1/2 šálku nakrájené cibule
- 1 stroužek česneku, nasekaný
- 2 plechovky (každá 10-1/2 unce) kondenzovaný hovězí vývar, neředěný
- 1 plechovka (14-1/2 unce) nakrájených rajčat, neodkapaných
- 1 lžičku sušených petrželových vloček, tymiánu a majoránky
- 1/4 lžičky pepře
- 2 bobkové listy
- 1 šálek loupané máslové dýně nakrájené na kostky
- 3 polévkové lžíce tapioky pro rychlé vaření
- 1 až 2 balíčky (každý 17,3 unce) zmrazené listové těsto, rozmražené
- 1 žloutek
- 1/4 šálku husté smetany ke šlehání

INSTRUKCE:

a) Hnědé hovězí maso na oleji v holandské peci; kmen. Smíchejte koření, rajčata, vývar, česnek, cibuli, celer, brambory a mrkev.

b) Vařte to. Snižte plamen, vařte pod pokličkou, dokud není maso téměř měkké, asi 1 hodinu. Odstraňte bobkové listy. Vmíchejte tapioku a squash , znovu provařte . Vařte 5 minut. Odstraňte z tepla, nechte 10 minut vychladnout.

c) Mezitím na povrchu lehce posypaném moukou vyválejte listové těsto na tloušťku 1/4 palce. S 10 oz. ramekin pomocí vzoru, vyřízněte 6 koleček z těsta, asi o 1 palec větší než je průměr ramekinu.

d) Naplňte hovězí směs do 6 vymazaných 10 oz. ramekiny; na každý položte kruh z pečiva. Těsto utěsněte k okrajům pečivu , v každém těstě udělejte řez do zářezů. Pokud chcete, vystřihněte 30 proužků se zbytky pečiva.

e) Twist proužky, dát na každý ramekin 5 proužků. Utěsněte sevřením okrajů. Smíchejte smetanu a žloutek, potřete povrchy.

f) Dejte na plech na sušenky. Pečeme na 400° do zlatohněda, asi 30-35 minut. Před jídlem nechte 5 minut odstát.

92. Jehněčí klobásové rolky s harissa jogurtem

SLOŽENÍ:
- 2 polévkové lžíce extra panenského olivového oleje
- 1 bílá cibule, nakrájená nadrobno
- 3 stroužky česneku, rozdrcené
- 1 polévková lžíce nadrobno nasekaného rozmarýnu
- 1 lžička semínek kmínu, drceného, plus navíc
- 500 g jehněčího mletého masa
- 3 pláty mraženého máslového listového těsta, rozmražené
- 1 vejce, lehce rozšlehané
- 250 g hustého řeckého jogurtu
- 1/4 šálku (75g) harissy nebo rajčatového chutney
- Mikro máta k podávání (volitelné)

INSTRUKCE:
a) Předehřejte troubu na 200C. Na pánvi na středním plameni rozehřejte olej. Přidejte cibuli a vařte 3-4 minuty, dokud nezměkne. Přidejte česnek, rozmarýn a kmín a vařte 1-2 minuty, dokud nebude voňavý. Sundejte z plotny, 10 minut ochlaďte a poté smíchejte s mletým masem.

b) Rozdělte směs mezi pláty pečiva a položte ji podél jednoho okraje, abyste vytvořili poleno. Rolkou přiložte a potřete poslední 3 cm přesahu těsta vaječnou hmotou. Pečivo uzavřete a ořízněte.

c) Položte na plech vyložený pečícím papírem švem dolů a dejte na 10 minut zmrazit. Usnadníte si je krájení.

d) Každou rolku nakrájejte na 4 a nechte na plechu. Potřete rozšlehaným vejcem a posypte extra semínky kmínu. Pečte 30 minut, nebo dokud těsto nezezlátne a rohlíky nebudou propečené.

e) V jogurtu promíchejte harissu a podávejte s kolečky klobásy posypané mátou.

93. Koláč v libanonském stylu

SLOŽENÍ:

- 3 polévkové lžíce prolisovaného česneku
- 1/4 šálku rozdrobeného bylinkového sýru feta
- 1 žloutek
- 1 list mraženého listového těsta, rozmražený, rozkrojený napůl
- 2 šálky nakrájeného čerstvého špenátu
- 2 vykostěné půlky kuřecích prsou bez kůže
- 2 polévkové lžíce bazalkového pesta
- 1/3 šálku nakrájených sušených rajčat

POKYNY : s

a) Než začnete dělat cokoliv jiného, nastavte troubu na 375 stupňů F.

b) Kuřecí prsa potřete směsí rozmačkaného česneku a vaječného žloutku ve skleněné misce, poté ji zakryjte plastovou fólií a dejte tato kuřecí prsa do chladničky alespoň na čtyři hodiny.

c) Doprostřed poloviny těsta dejte ½ špenátu a potom na něj položte jeden kus kuřecích prsou a poté přidejte 1 polévkovou lžíci pesta, sušená rajčata, sýr feta a poté zbývající špenát.

d) Zabalíme do druhé poloviny těsta.

e) Opakujte stejné kroky pro zbývající části prsou.

f) To vše položte na zapékací misku.

g) Pečte v předehřáté troubě asi 40 minut nebo dokud kuře nezměkne.

h) Sloužit.

94. Zeleninový hrnec koláč

SLOŽENÍ:
- 1 plát listového těsta
- 2 šálky míchané zeleniny, rozmražené
- 1 plechovka kondenzované smetanové houbové polévky
- 1/2 šálku mléka
- Sůl a pepř

INSTRUKCE:
a) Předehřejte troubu na 400 °F (200 °C).
b) V misce smícháme smíchanou zeleninu, kondenzovanou polévku, mléko, sůl a pepř.
c) Listové těsto rozválíme na pomoučněné ploše a vložíme do zapékací mísy.
d) Nalijte zeleninovou směs do těsta a přikryjte ho dalším plátem těsta, okraje zamačkejte, aby se uzavřely.
e) Pečte 30–35 minut, nebo dokud těsto není zlatohnědé.

95. Otevřený koláč se špenátem a pestem

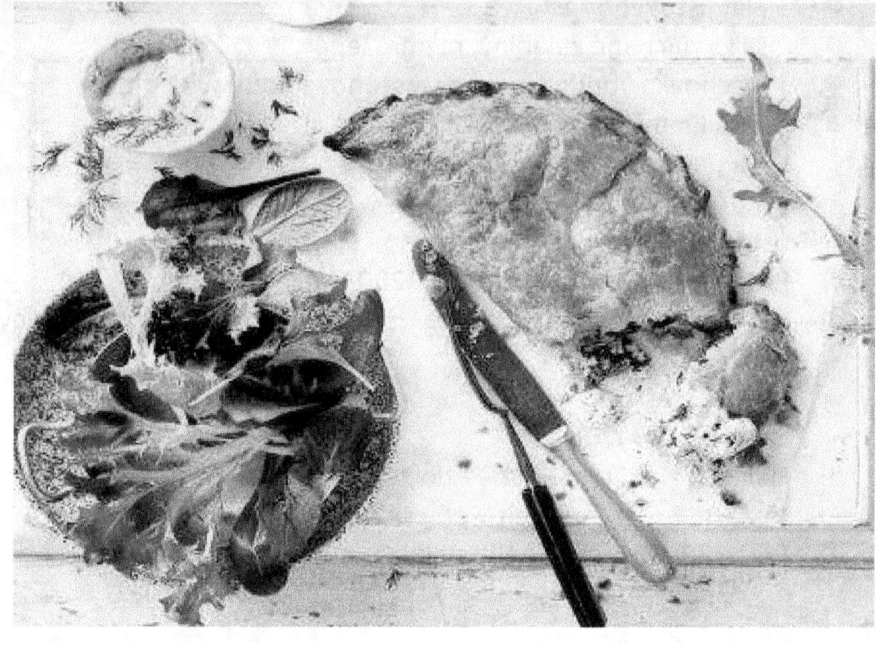

SLOŽENÍ:
- 2 (12 oz.) filety lososa bez kůže a kostí
- ochucená sůl podle chuti
- 1/2 lžičky česnekového prášku
- 1 lžička cibulového prášku
- 1 (17,25 oz.) balení mražené listové těsto, rozmražené
- 1/3 šálku pesta
- 1 (6 oz.) balíček špenátových listů

POKYNY : s

a) Než začnete dělat cokoliv jiného, nastavte troubu na 375 stupňů F.

b) Před odstavením lososa potřete směsí soli, cibulového prášku a česnekového prášku.

c) Nyní dejte ½ špenátu mezi dva samostatné pláty listového těsta, přičemž více dejte doprostřed a na každý doprostřed položte filet z lososa, než položíte pesto a zbývající špenát.

d) Okraje navlhčete vodou a přeložte.

e) Toto pečeme v předehřáté troubě asi 25 minut.

f) Ochlaďte to.

g) Sloužit.

96. Burekas

SLOŽENÍ:
- 1 lb / 500 g nejkvalitnějšího celomáslového listového těsta
- 1 velké vejce z volného chovu, rozšlehané

RICOTTA NÁPLŇ
- ¼ šálku / 60 g tvarohu
- ¼ šálku / 60 g sýra ricotta
- ⅔ šálku / 90 rozdrobeného sýra feta
- 2 lžičky / 10 g nesoleného másla, rozpuštěného

PECORINO NÁPLŇ
- 3½ lžíce / 50 g sýra ricotta
- ⅔ šálku / 70 g strouhaného vyzrálého sýra pecorino
- ⅓ šálku / 50 g strouhaného zrajícího sýra Cheddar
- 1 pórek, nakrájený na 2-palcové / 5 cm segmenty, blanšírovaný do měkka a jemně nasekaný (¾ šálku / 80 g celkem)
- 1 lžíce nasekané ploché petrželky
- ½ lžičky čerstvě mletého černého pepře

SEMENA
- 1 lžička semínek nigelly
- 1 lžička sezamových semínek
- 1 lžička žlutého hořčičného semínka
- 1 lžička kmínu
- ½ lžičky chilských vloček

INSTRUKCE:
a) Těsto rozválejte na dva čtverce o velikosti 12 palců / 30 cm, každý o tloušťce ⅛ palce / 3 mm. Plátky těsta položte na plech vyložený pečicím papírem – mohou ležet na sobě, mezi nimiž je list pergamenu – a nechte 1 hodinu v lednici.

b) Každou sadu ingrediencí dejte do samostatné misky. Promícháme a dáme stranou. Všechna semínka smícháme v míse a dáme stranou.

c) Nakrájejte každý plát pečiva na čtverce o velikosti 4 palce / 10 cm; měli byste získat celkem 18 čtverců. První náplň rozdělte rovnoměrně do poloviny čtverců a nanášejte ji do středu každého čtverce. Dva sousedící okraje každého čtverce potřete vajíčkem a pak čtverec přeložte napůl tak, aby vznikl trojúhelník. Vytlačte veškerý vzduch a pevně přitiskněte strany k sobě. Okraje chcete velmi dobře přitlačit, aby se během vaření neotevřely . Opakujte se zbývajícími čtverečky pečiva a druhou náplní. Dáme na plech vyložený pečicím papírem a necháme alespoň 15 minut v lednici ztuhnout. Předehřejte troubu na 425 °F / 220 °C.

d) Potřete dva krátké okraje každého těsta vejcem a ponořte tyto okraje do směsi semínek; stačí malé množství semínek, jen ⅙ palce / 2 mm široká, protože jsou zcela dominantní. Vršek každého těsta potřete také trochou vajíčka, vyhněte se semínkům.

e) Ujistěte se, že pečivo je od sebe vzdáleno asi 1¼ palce / 3 cm. Pečte 15 až 17 minut, dokud není celá dozlatova. Podávejte teplé nebo při pokojové teplotě. Pokud část náplně během pečení z pečiva vyteče, jen ji opatrně naplňte zpět, až bude dostatečně vychladlá, aby se dala zvládnout.

97. Biftek koláč

SLOŽENÍ:
- 1 1/2 libry hovězí svíčkové, nakrájené na malé kousky
- 1/4 šálku mouky
- 1 lžička soli
- 1/2 lžičky černého pepře
- 3 lžíce másla
- 1 hrnek hovězího vývaru
- 1 šálek nakrájených hub
- 1/2 šálku nakrájené cibule
- 1/2 šálku nakrájeného celeru
- 1/2 šálku nakrájené mrkve
- 2 lžíce nasekané čerstvé petrželky
- 1/2 lžičky sušeného tymiánu
- 1/4 lžičky sušeného rozmarýnu
- 1 list listového těsta
- 1 vejce, rozšlehané

INSTRUKCE:
a) Předehřejte troubu na 400 °F.
b) Ve velké míse smíchejte mouku, sůl a černý pepř. Přidejte kousky hovězího masa a míchejte, dokud nejsou obaleny moučnou směsí.
c) Rozpusťte máslo ve velké pánvi na středně vysoké teplotě. Přidejte hovězí maso a opečte, dokud nezlátne ze všech stran.
d) Do pánve přidejte hovězí vývar, houby, cibuli, celer, mrkev, petržel, tymián a rozmarýn. Přiveďte k varu, poté snižte teplotu a nechte 10–15 minut vařit, dokud zelenina nezměkne a omáčka nezhoustne.
e) Listové těsto rozválejte na lehce pomoučeném povrchu a použijte k vyložení 9palcové koláčové formy. Naplňte koláč hovězí směsí.
f) Okraje těsta potřeme rozšlehaným vejcem. Zakryjte horní část koláče zbývajícím pečivem a okraje zamačkejte, aby se uzavřely.
g) Vršek těsta potřeme zbylým rozšlehaným vejcem.
h) Pečte v předehřáté troubě 30-35 minut, dokud těsto nezlátne.

98. Austrálie n Pie Floater

SLOŽENÍ:
- 1 velká hnědá cibule, nakrájená nadrobno
- 2 lžíce rostlinného oleje
- 1 libra libového jemně nasekaného nebo mletého hovězího masa
- 3/4 šálku hovězího nebo zeleninového vývaru
- 1 lžíce kukuřičného škrobu
- Špetka soli
- Špetka pepře
- 2 pláty mraženého koláčového těsta
- 2 pláty mraženého listového těsta
- 4 šálky hovězího vývaru
- 2 lžičky sody bikarbóny
- 1 libra sušeného zeleného hrášku, namočená přes noc v dostatečném množství vody, aby byla pokryta
- 1 lžička jedlé sody

INSTRUKCE:

a) Večer předem vložte hrášek do hluboké pánve, zalijte vodou smíchanou s jedlou sodou a nechte přes noc odstát . Až budete připraveni k vaření, sceďte.
b) Předehřejte troubu na 450 °F.
c) V hrnci na trošce oleje zpěníme cibuli. Přidejte hovězí maso a osmahněte ho.
d) Přidejte vývar, koření a kukuřičný škrob. Vařte na středním plameni za stálého míchání, aby se začlenil kukuřičný škrob, dokud se asi pět minut nevytvoří hustá omáčka .
e) Vymažte čtyři koláčové formy 3 × 6 palců. Vyřízněte 3 × 7-palcová kolečka z koláčového těsta, abyste obložili dno a strany pánví. Naplňte směsí hovězího masa a omáčky. Očistěte okraje vodou.
f) Z listového těsta nakrájejte 3 × 7palcová kolečka. Umístěte na maso. Stiskněte pro utěsnění. Oříznout. Umístěte koláče na horký plech.
g) Pečte v předehřáté 20–25 minut nebo dozlatova.
h) Zatímco se koláče pečou, udělejte si hráškovou omáčku.
i) Omyjte rehydratovaný hrášek, abyste se zbavili všech nečistot, a dejte ho do hrnce s jednou lžičkou jedlé sody a hovězím vývarem.
j) Přiveďte k varu a vařte , dokud hrášek nezměkne.
k) Hrášek a vývar rozmačkejte nebo rozmixujte do konzistence husté polévky.
l) nandejte hráškovou omáčku a navrch položte horký koláč.
m) Dělá čtyři koláče.

99.Steak a cibulový koláč

SLOŽENÍ:
- 2 lžíce olivového oleje
- 2 x 600 g hovězí líčka, oříznutá šlachou
- 1 velká cibule, nakrájená na měsíčky
- 2 stroužky česneku, rozdrcené
- 125 ml červeného vína
- 1 litr hovězího vývaru
- 2 snítky rozmarýnu
- 1 x 320g balení (1 list) listového těsta zakoupeného v obchodě
- 1 malý kousek másla
- sůl a čerstvě mletý černý pepř
- 1 řapíkatý celer, nakrájený na jemné kostičky, na ozdobu
- listy celeru, na ozdobu
- listy lichořeřišnice, na ozdobu

NA SLADKÉ RAJČATOVÉ POCHUTENÍ
- 250 g zralých rajčat
- ½ červené cibule, nakrájené nadrobno
- 1 lžička olivového oleje
- 1 stroužek česneku, nakrájený nadrobno
- ¼ lžičky sušených chilli vloček
- ½ lžičky rajčatového protlaku nebo protlaku
- 1 lžíce hnědého cukru
- 1 lžíce červeného vinného octa

NA ZADĚLENOU KYSELOU CIBULI
- 1 lžička olivového oleje
- 4 šalotky, rozkrojené podélně napůl
- 125 ml jablečného octa
- 1 lžíce moučkového cukru

INSTRUKCE:
a) Pro dochucení ze sladkých rajčat nařízněte malým nožem mělký křížek ve spodní části každého rajčete. Umístěte rajčata do velké mísy, zalijte vroucí vodou a nechte 30 sekund, poté rajčata okamžitě přesuňte do misky s ledovou vodou. Rajčata oloupeme a dáme stranou. Vychladlá rajčata nakrájejte na čtvrtky, odstraňte a

vyhoďte vnitřní blány a semínka a dužinu nakrájejte na malé kousky.
b) Zatímco rajčata chladnou, umístěte středně velký kastrol na střední teplotu. Přidejte cibuli a olivový olej a vařte 4–6 minut, dokud nezměkne, ale nezbarví se . Přidejte česnek a chilli vločky a vařte další minutu. Přidejte rajčatový protlak nebo protlak a míchejte 2 minuty, poté přidejte cukr a ocet. Přidejte rajčata do hrnce a směs dobře promíchejte. Přiveďte k varu a poté snižte teplotu na středně nízkou. Vařte 8–10 minut za občasného míchání, dokud není směs hustá a vláčná. Dochuťte solí a pepřem a nechte trochu vychladnout.
c) Po vychladnutí směs rozmixujte tyčovým mixérem nebo přendejte do změkčovače a pulzujte, aby vznikla hladká pasta. Vyjměte a dejte stranou, dokud nebudete připraveni k podávání.
d) Na uzenou nakyslou cibuli dejte olivový olej do malé pánve na středně vysokou teplotu a olej dochuťte solí. Umístěte cibuli řeznou stranou dolů do rovnoměrné vrstvy kolem pánve.
e) Vařte 4–6 minut nebo do lehkého zuhelnatění, poté snižte teplotu na minimum a přidejte ocet a cukr. Přikryjte a vařte na mírném ohni dalších 5 minut, poté oheň vypněte a nechte cibuli vychladnout v tekutině. Nechte stranou, dokud nebudete připraveni k podávání.

100.Puffs se šunkou a sýrem

SLOŽENÍ:
- 1 list listového těsta, rozmražené
- 1/2 šálku šunky nakrájené na kostičky
- 1/2 šálku strouhaného sýra čedar
- 1 vejce, rozšlehané

INSTRUKCE:
a) Předehřejte troubu na 400 °F (200 °C).
b) Na lehce pomoučeném povrchu rozválejte listové těsto na tloušťku asi 1/4 palce.
c) Listové těsto nakrájejte na 9 stejných čtverců.
d) V míse smícháme na kostičky nakrájenou šunku a nastrouhaný sýr čedar.
e) Na každý čtverec listového těsta naneste asi 1 lžíci směsi šunky a sýra.
f) Rohy listového těsta přehněte nahoru a přes náplň, okraje přitiskněte k sobě, aby se uzavřely.
g) Každé listové těsto potřeme rozšlehaným vejcem.
h) Pečte 15-20 minut dozlatova.
i) Podávejte horké.

ZÁVĚR

Na závěr naší kulinářské odysey prostřednictvím „G GURMÁNSKÉ UMĚNÍ WELLINGTONU A EN CROÛTE" doufáme, že jste zažili potěšení z vytváření a vychutnávání si elegantních zapouzdřených pokrmů, které přesahují všednost. Každý recept na těchto stránkách je svědectvím o spojení kulinářského umění a gastronomického požitku, kde vrstvy lístkového těsta vytvářejí delikátní náplně , vytvářející symfonii chutí.

Ať už jste si libovali v klasické eleganci hovězího Wellingtonu, prozkoumávali inovativní zvraty vegetariánských možností nebo si vytvořili své vlastní jedinečné variace, věříme, že těchto 100 receptů pozvedlo váš kulinářský repertoár. Kromě kuchyně může umění Wellingtona a Ena Croûte se stane zdrojem inspirace a promění vaše jídla v kulinářskou podívanou, která potěší vaše smysly.

Jak budete pokračovat v objevování gurmánských možností ve vaší kuchyni, ať ve vašem kulinářském snažení přetrvá duch uměleckého zapouzdření. Zde je radost z vytváření a vychutnávání elegantních jídel, kde každé sousto je oslavou gurmánského umění, které najdete v „GURMÁNSKÉ UMĚNÍ WELLINGTONU A EN CROÛTE." Hurá na pozvednutí vašeho kulinářského zážitku do nových výšin!